Nelson Rajendran

Kulinarische Biologie und Chemie

Nelson Rajendran

Kulinarische Biologie und Chemie

Geheimnisse im Kochtopf

KnechtVerlag

Die deutsche Bibliothek – CIP-Einheitsaufnahme

Rajendran, Nelson:
Kulinarische Biologie und Chemie : Geheimnisse im Kochtopf /
Nelson Rajendran. - 2. bearb. Aufl. - Landau : Knecht, 2002
ISBN 3-930927-73-X

2. bearbeitete Auflage 2002

Rheinstr. 26, 76829 Landau
Tel.: 0 63 41 / 8 94 08, Fax: 0 63 41 / 8 94 50
E-Mail: info@knechtverlag.de
Internet: www.knechtverlag.de

Gestaltung und Satz: Knecht Verlag, Landau
Umschlaggestaltung: DIGIMedia, Römerberg
Druck: Strauss Offsetdruck, Mörlenbach
Bindung: Fehringer, Hemsbach

Printed in Germany
ISBN 3-930927-73-X

Für Katharina

Inhalt

Einleitung

Jeder Mensch hat in irgendeiner Form mit dem Kochen zu tun, sei es als Koch oder Köchin im privaten oder beruflichen Bereich oder als Genießer und Konsument des Gekochten.

Das Hauptziel des vorliegenden Buches ist es, dem Leser „über den Magen" die Naturwissenschaften *Biologie* und *Chemie* näher zu bringen.

Häufig liegt ein Desinteresse an diesen Fächern darin begründet, dass sie schon in der Schule zu theoretisch und praxis- bzw. lebensfern behandelt werden. Dieses eingeprägte Bild bleibt dann auch im späteren Leben erhalten und existiert vielleicht auch bei Ihnen.

Mit diesem Buch soll ein Bereich der Fächer Biologie und Chemie (teilweise auch Physik) aufgezeigt werden, dem jeder praktisch, und dadurch lebensnah, alltäglich begegnet: *Kochen*.
„Kulinarische Biologie und Chemie" durchleuchtet alltägliche, selten hinterfragte Vorgänge bei der Nahrungsmittelzubereitung *naturwissenschaftlich* und vermittelt dem Leser so einen *Alltagsbezug* zur Biologie und zur Chemie.

Weiterhin wird Ihnen einfaches *experimentelles Vorgehen* bei der Suche nach der Ursache verschiedener Phänomene in den Naturwissenschaften aufgezeigt und eine *naturwissenschaftliche Beobachtungsfähigkeit* gefördert.
Auf diese Weise soll der Sinn, die Planung und Durchführung von Experimenten verständlich werden. Somit kann jeder auf unkonventionelle Art ein *selbständiges, naturwissenschaftliches Arbeiten* erlernen.

Biologie- und Chemielehrern soll das Buch als *Katalog* für naturwissenschaftliche Versuche dienen, die geeignet sind, bei Schülern besonderes Interesse zu wecken.
Die Versuche eignen sich hervorragend zum Einsatz bei Schülerexperimenten, Projektwochen und zur Frei- und Wochenplanarbeit.

Außerdem ist dieses Buch auch als *Nachschlagewerk* für alle gedacht, die sich für das Kochen interessieren und verschiedenen Vorgehensweisen und einigen althergebrachten *Küchenweisheiten* auf den Grund gehen wollen.

Dem *Koch-Einsteiger* vermittelt „Kulinarische Biologie und Chemie" einige *Grundkenntnisse* über die Nahrungsmittelzubereitung. Sie bietet aber auch dem *Koch-Profi neue Erkenntnisse* und erklärt oder verbessert sogar seine Verfahrensweisen.

Um all diesen Zielen gerecht zu werden, wurde bei allen Experimenten streng und ohne Ausnahme auf folgende Kriterien geachtet:

- **einfache Durchführung**
  alle Experimente sind, ohne größeren Aufwand als in der Küche normal üblich, leicht durchführbar.

- **Anspruchsabstufungen**
  alle Experimente wurden zuerst leicht verständlich für alle Zielgruppen erklärt, und dann erst werden kompliziertere Phänomene für fortgeschrittene „Kochforscher" tiefergehend erläutert.

- **keine „chemischen" Apparaturen**
  alle Experimente sind mit Geräten und Zutaten durchführbar, die in jeder Küche vorhanden sein sollten.

- **Gefahrlosigkeit**
  alle Experimente sind ohne Gefährdung von Personen durchführbar.

- **Erfolgsgarantie**
  alle Versuche wurden von mir persönlich durchgeführt und so modifiziert, dass alle Ergebnisse nachvollziehbar sind.

Daher sollte einem erfolgreichen Experimentier- und Kochkurs oder Biologie- und Chemieunterricht mit neuem Schwung nichts im Wege stehen.

zur zweiten Auflage

Bad Bergzabern, im Mai 2002
Nelson Rajendran

Ablöschen

Viele Soßen werden mit alkoholischen Getränken verfeinert. Dazu wird der Bratenfond (der nach dem Braten des Fleisches/Gemüses in der Pfanne verbleibende Rest) mit Wein, Sherry, Cognac, u.ä. aufgefüllt. Im Kochjargon nennt man diesen Vorgang ablöschen.

Versuche

Für die Versuche brauchen Sie eine Pfanne, in der Sie gerade ein Stück Fleisch oder etwas Gemüse gebraten haben (s. *Fleisch*).

① Löschen Sie den erhitzten Bratenfond mit etwas Wein ab.
Riechen Sie sofort nach dem Ablöschen über der Pfanne!
Was bemerken Sie?

② Binden Sie die Soße (s. Soße binden) aus Versuch ① mit Speisestärke, die Sie vorher mit etwas Wasser verrührt haben. Lassen Sie die Soße nach dem Einrühren der Stärke aufkochen, und schmecken Sie mit Salz (und beliebigen weiteren Gewürzen) ab.
Beurteilen Sie den Geschmack der Soße!

③ Löschen Sie den Fond mit Wasser oder Brühe ab!
Binden und würzen Sie die Soße wie in Versuch ②.
Vergleichen Sie den Geschmack mit der Soße aus Versuch ②!

Beobachtungen und Erklärungen

① **Der Dampf, der nach dem Ablöschen über der Pfanne aufsteigt, riecht nach Alkohol. Man spürt eine Alkoholwirkung (Schwindelgefühl).**

Der Siedepunkt von Trinkalkohol (Ethanol) liegt bei 78°C. Da die Pfanne aber viel heißer ist, wenn der Wein zugegeben wird, verdampft der Alkohol sofort. Beim Riechen wird der Alkohol über die Lunge sofort ins Blut aufgenommen (schneller als beim Trinken) und kann schon in dieser geringen Menge Symptome auslösen, wie sie beim Trinken von Alkohol auftreten.

Es ist also unsinnig und wissenschaftlich nicht haltbar, Kindern den Genuß einer solchen Soße zu verweigern. Der gesamte Alkohol ist nach kurzer Zeit herausgekocht. Entsprechendes gilt für Backwerke, die mit Spirituosen aromatisiert wurden.

② **Der Geschmack der Soße hat eine deutliche Wein-Note.**

Beim Ablöschen wird also nur der Alkohol verdampft, die Aromastoffe des Weins bleiben erhalten.

Auf diese Weise kann jeder Soße eine gewünschte Note gegeben werden, ohne dass man von der Soße betrunken wird.

③ **Die Soße schmeckt vorwiegend nach dem gebratenen Fleisch.**

Die Soße hat ihren andersartigen Geschmack durch die Aromastoffe, die beim Braten des Fleisches entstanden sind. Diese Stoffe beherrschen den Soßengeschmack.

Der Geschmacksunterschied zu Versuch ② stammt also wirklich daher, dass beim Ablöschen mit Wein dessen Aromastoffe in der Soße bleiben. Sie ergänzen die Aromastoffe, die beim Braten des Fleisches entstanden sind und erweitern somit das Geschmacksspektrum.

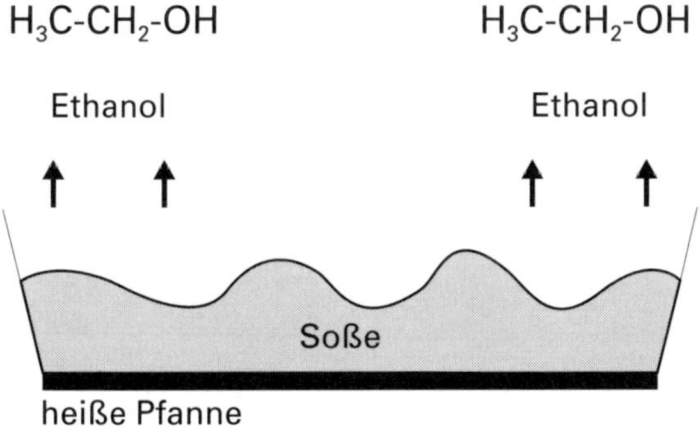

Anisschnaps

Was dem Griechen sein Ouzo ist dem Franzosen sein Pastis, dem Türken sein Raki, usw: Anisschnaps ist jeweils ein Nationalgetränk. In der Türkei ist eine geringe Dosis Raki wegen der desinfizierenden Wirkung des Alkohols (45% Vol.) sogar als Medizin anerkannt.

Schnäpse werden oft zum Abschluss eines schweren, also fetten Essens getrunken. Anisschnaps gehört zu den aromatisierten Branntweinen, die kalt aus Wasser, gereinigtem Sprit (reines Ethanol) und Geschmackstoffen gemischt werden.

Versuche

① Geben Sie in ein kleines Glas etwa einen Finger hoch Anisschnaps. Füllen Sie drei Finger hoch Wasser dazu. Diese Mischung stellt die „Medizin" in der Türkei dar.

Was beobachten Sie beim Einfüllen des Wassers?

② Reiben Sie eine fettige Glasoberfläche mit einem in Schnaps getränktem Tuch ab.

Was beobachten Sie?

Beobachtungen und Erklärungen

① **Der klare Anisschnaps wird bei Wasserzugabe milchig trüb.**

Im Ethanol (Alkohol) des Getränks sind viele verschiedene Aromastoffe gelöst. Es handelt sich dabei um organische Stoffe, die sich schlecht in Wasser lösen (hydrophob sind), aber gut in organischen Lösungsmitteln, z. B. Ethanol.

Im Anisschnaps liegen 45 Volumenanteile Ethanol und 55 Volumenanteile Wasser vor. Beim Verdünnen erhöht sich der Wasseranteil, und in der neuen, prozentual weniger Ethanol enthaltenden Mischung, lösen sich die Aromastoffe schlechter. Die Stoffe gehen teilweise in den ungelösten Zustand über und trüben die Lösung milchig.

Die Aromastoffe werden durch Wasserdampfdestillation der Anisfrüchte gewonnen (Anisöl). Der Hauptbestandteil (80–95%) des Anisöles ist Anethol, das nach längerem Stehen unter Licht- und Lufteinfluß zum Anisaldehyd oxidieren kann. Auch eine Dimerisierung (zwei Moleküle verbinden sich) des Anethols zum toxischen Dianethol findet statt. Der Anisaldehyd kondensiert zu Dianisoin.

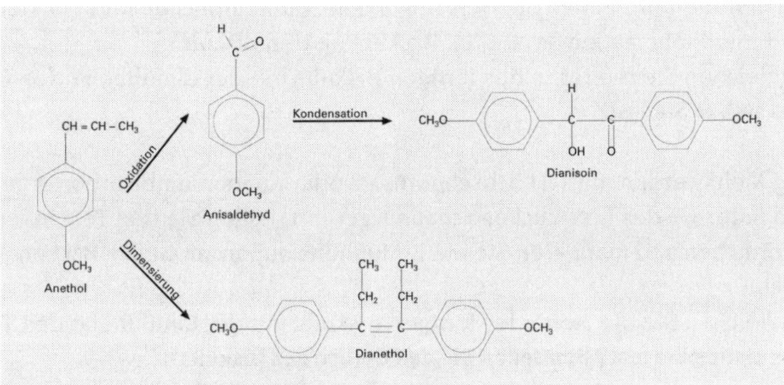

② **Das Fett läßt sich spielend leicht vom Glas entfernen.**

Fett ist in Wasser nicht löslich, es ist hydrophob. In organischen Lösungsmitteln wie dem Alkohol ist Fett dagegen sehr gut löslich.

Deshalb eignet sich hochprozentiger Alkohol sehr gut als Digestif nach einem fetthaltigen Essen. Das Ethanol löst das Fett auf, so dass es nicht mehr „so schwer im Magen liegt".

Auch zum Fensterputzen eignet sich Alkohol. Aus Kosten- und Geruchsgründen empfiehlt es sich jedoch, anstelle der teuren Genussmittel billigen, ungenießbaren Spiritus für derartige Aufgaben vorzuziehen.

Backtriebmittel

Backtriebmittel werden häufig eingesetzt, damit das Gebäck locker und luftig wird.

Versuche

Für die Versuche brauchen Sie einen Biskuitteig, den Sie mit verschiedenen Backtriebmitteln mischen. Die verschiedenen Teige werden in kleinen Souffléförmchen bei 180 °C (Gas Stufe 4) ca. 30 Minuten gebacken. Der Biskuit ist dann fertig, wenn an einem Holzspieß, den Sie in der Mitte der Form bis zum Boden stecken, nach dem Herausziehen kein Teig mehr haftet.
Für den Biskuitteig 3 Eier mit 75 g Zucker schaumig schlagen .

① 25 g Mehl werden mit 1 TL Backpulver gemischt und unter 1/3 des Eier-Zucker-Schaums gerührt. Füllen Sie den Teig in ein Souffléförmchen und markieren Sie die Einfüllhöhe außen am Gefäß. Backen Sie den Biskuit.
Vergleichen Sie die Höhe des fertigen Biskuits mit der Einfüllhöhe des Teiges!
Was stellen Sie fest?

② 25 g Mehl werden mit 1 TL Hirschhornsalz oder Ammoniumbicarbonat gemischt und unter 1/3 des Eier-Zucker-Schaums gerührt. Füllen Sie den Teig in ein Souffléförmchen und markieren Sie die Einfüllhöhe außen am Gefäß. Backen Sie den Biskuit.
Vergleichen Sie die Höhe des fertigen Biskuits mit der Einfüllhöhe des Teiges!
Was stellen Sie fest? Beurteilen Sie den Geruch des Biskuits!

③ 25 g Mehl werden mit 1 TL Pottasche (bekommen Sie in der Apotheke) gemischt und unter 1/3 des Eier-Zucker-Schaums gerührt. Eine Hälfte dieses Teiges wird in ein Souffléförmchen gefüllt. In die andere Hälfte wird 1 TL Honig eingerührt, bevor der Teig ins Förmchen kommt. Dann werden an beiden Souffléförmchen die Einfüllhöhen markiert und beide Biskuits gebacken.
Vergleichen Sie die Höhe der fertigen Biskuits mit der Einfüllhöhe der Teige!
Was stellen Sie fest?

Beobachtungen und Erklärungen

① **Der Biskuit ist aufgegangen, sein Volumen ist größer als beim rohen Teig.**
Backpulver besteht aus Natriumhydrogencarbonat (Natriumbicarbonat, Natron) $NaHCO_3$, aus Stärke als Trennmittel und einer festen Substanz, die, gelöst im Wasser des Teiges, H^+-Ionen liefert (Säure), z. B. Kaliumtartrat (Weinstein, saures Kalisalz der Weinsäure) oder sauren Phosphorsäuresalzen.
Beim Herstellen des Teiges (Trieb) und beim Backen (Nachtrieb) entsteht Kohlendioxidgas CO2 nach folgender Reaktion:

$$NaHCO_3 + H^+ \rightarrow Na^+ + H_2O + CO_2\uparrow$$

Das Gas treibt den zähen Teig auf, weil es nicht aus ihm entweichen kann. Außerdem verdampft beim Backen Wasser aus der Teigmasse in die CO_2-Bläschen, was ebenfalls zum Auftrieb führt.

Damit die Gasproduktion nicht schon im Backpulvertütchen startet, ist das Trennmittel Stärke beigemischt, das die Luftfeuchtigkeit aufnimmt, sie der säureabspaltenden Substanz vorenthält und so die Gasproduktion verhindert.

② **Der Biskuit ist aufgegangen. Er riecht widerlich.**
Hirschhornsalz wurde früher aus Hirschgeweih trocken destilliert. Es besteht aus Ammoniumcarbonat (1) und Ammoniumcarbaminat (2). Heutzutage wird Ammoniumbicarbonat (3) (ABC-Trieb) als „Hirschhornsalz“ (s.*Hülsenfrüchte*) verkauft.

All diese Ammoniumsalze zerfallen bei Hitzeeinwirkung in z. T.. gasförmige Produkte und treiben dabei den Teig:

1. $(NH_4)_2CO_3 \rightarrow 2\ NH_3\uparrow + CO_2\uparrow + H_2O$
2. $NH_4CO_2NH_2 \rightarrow 2\ NH_3\uparrow + CO_2\uparrow$
3. $(NH_4)HCO_3 \rightarrow NH_3\uparrow + CO_2\uparrow + H_2O$

Der widerlich riechende Ammoniak NH_3 verflüchtigt sich nur aus Flachgebäck.

③ **Der Biskuit mit Honig ist aufgegangen, der ohne Honig nicht.**
Pottasche (Kaliumcarbonat) wird für schwere Teige (Honig-/Lebkuchen) benutzt. Sie zerfällt nicht durch Hitze, sondern durch Säure (Honig enthält Ameisensäure):

$$K_2CO_3 + 2\ H^+ \rightarrow 2\ K^+ + CO_2\uparrow + H_2O$$

Vor dem Backen: CO_2-Produktion bei der Teigzubereitung (Trieb)

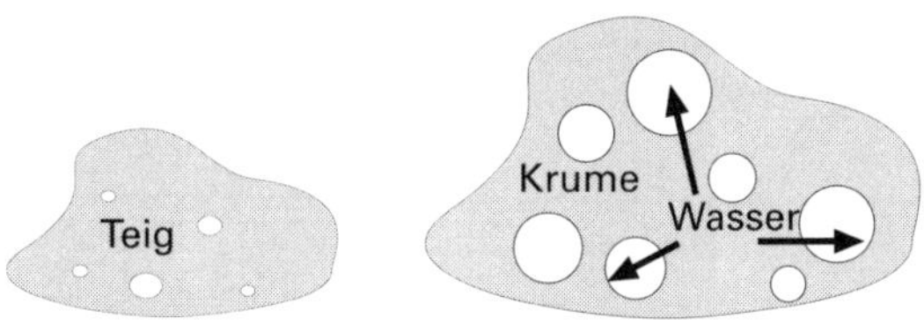

Während des Backens: Weitere CO_2-Produktion beim Backen (Nachtrieb), Ausdehnung der CO_2-Bläschen und in die Bläschen verdampfendes Wasser

Baiser

Baisers sind luftige, schneeweiße Desserts, die man leicht aus Eiklar zaubern kann.

Versuche

① Baiser: Schlagen Sie zwei Eiklar steif (Eier trennen, s. *Eischnee*), fügen Sie 30 g Zucker hinzu und schlagen Sie die Masse glänzend. Unterheben Sie weitere 30 g Zucker vorsichtig, ohne Luft aus dem Eischnee zu schlagen.
Aus dem Teig können Sie beliebig geformte Baisers auf einem mit Backpapier ausgelegten Blech in 90–120 Minuten bei 130 °C (Gas Stufe 1/2) fertig backen.
Welche Konsistenz hat der Teig?
Was beobachten Sie beim Backen der Baisers?

② Chefbaiser: Die Eiklar werden über dem Heißwasserbad geschlagen. Dazu Wasser in einem Topf kochen, der kleiner ist als die Schüssel, dann den Topf vom Herd nehmen, die Schüssel darauf stellen und die Eiklar steif schlagen. 30 g Zucker zugeben, glänzend schlagen. Weitere 30 g vorsichtig unterheben.
Aus dem Teig können Sie beliebig geformte Baisers auf einem mit Backpapier ausgelegten Blech in 90–100 Minuten bei 130 °C (Gas Stufe 1/2) fertig backen.
Vergleichen Sie die Konsistenz dieses Teiges mit Versuch ①!
Was beobachten Sie beim Backen der Baisers?

Beobachtungen und Erklärungen

① **Der Eischnee ist cremig-zähflüssig. Beim Backen blähen sich die Baisers und werden in der ausgedehnten Form fest und trocken.**

Das im Eiklar enthaltene Protein Ovalbumin (65% des Gesamtproteins) lässt sich durch Schlagen denaturieren. Dabei verändert es seine Struktur.

Die fadenförmigen Proteinmoleküle liegen knäuelförmig vor. Bei der Denaturierung lockern sich diese Knäuel, so dass die Proteinfäden verschiedener Knäuel miteinander ein Netz bilden können.

In dieser neuen Konformation bildet Ovalbumin den weißen, stabilen Schaum, in dem die eingeschlagenen Luftbläschen festgehalten werden (s. *Eischnee*).

Durch den Zucker wird die Viskosität (Zähflüssigkeit) der Masse erhöht, weshalb die Luftbläschen besser festgehalten werden können.

Beim Backen blähen sich die Baisers, weil sich die enthaltenen Luftbläschen ausdehnen. Außerdem verdampft Wasser aus dem Eiklar in diese Luftbläschen. Somit steigen die Baisers weiter auf.

Dieser Zustand bleibt auch nach dem Backen stabil, weil sich die Proteine erst während und nach dem Aufblähen durch die Hitzedenaturierung verfestigen. Bei der Hitzedenaturierung ändert zugeführte Wärme die Struktur aller Proteine im Eiklar.Das Eiklar wird fest (s. *Ei*) und hält die eingeschlossenen Luftbläschen.

② **Der Chefbaiserteig ist fester als der normale Baiserteig.**

Beim Backen blähen sich die Baisers ebenfalls und werden auch in der ausgedehnten Form fest.

Zur Schlagdenaturierung des Ovalbumins kommt die Hitzedenaturierung aller Proteine hinzu (s. *Ei*). Die Wärme über dem Heißwasserbad führt zu einer Hitzedenaturierung, wodurch die Proteine fest werden. Deshalb ist der Chefbaiserteig fes-ter und eignet sich besser für den Spritzbeutel.

Da auch der Backprozess u.a. eine Hitzedenaturierung der Proteine darstellt und die Proteine im Chefbaiserteig teilweise schon hitzedenaturiert sind, brauchen die Chefbaisers weniger Backzeit.

Roher Eischnee: fadenförmige Proteinmoleküle liegen als Knäuel teilweise vernetzt in der Lösung vor und halten die Luftbläschen

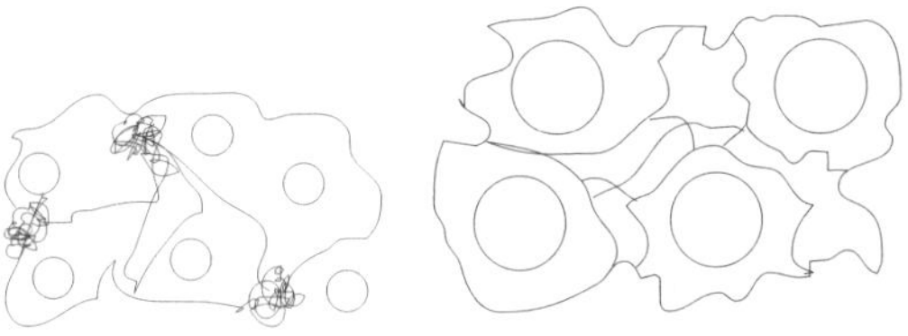

Erhitzter Eischnee: Knäuel aufgelöst, Proteine vernetzt und verfestigt, Luftbläschen vergrößert

Bier

Bier ist in Deutschland das beliebteste alkoholische Getränk, und weltweit wird hier am meisten „Gerstensaft" getrunken.

Bier besteht aus Wasser, Hefe, Hopfen und Malz, meist Gerstenmalz. Die anregenden und berauschenden Eigenschaften stammen vom bei der Gärung entstandenen Alkohol (Ethanol), das Aroma wird durch Hopfen, Darrprodukte und durch die Gärung bestimmt. Die erfrischende Wirkung rührt von der Kohlensäure her, die ebenfalls durch die Gärung entsteht.

Als Braugerste benutzt man in Deutschland hauptsächlich die zweizeilige nickende Sommergerste (*Hordeum vulgare convar. distichon*). Der Hopfen (*Humulus lupulus*) ist eine winterharte Kletterpflanze.

Die Gerste keimt durch Einweichen in Wasser (Grünmalz), wird getrocknet und geröstet (Darrmalz), 4–6 Wochen gelagert, geschrotet, mit Wasser vermischt (Maische) und filtriert. Das Filtrat (Würze) wird mit Hopfen gekocht, dann vom Hopfen getrennt und abgekühlt. Zur Gärung wird Hefe zugesetzt, die danach vom fertigen Bier abfiltriert wird.

Versuche

① Schenken Sie Bier in ein senkrecht stehendes Glas ein. Halten Sie ein zweites Glas waagerecht und füllen Sie auch hier Bier ein.
Vergleichen Sie die Schaumbildung!

② Füllen Sie zwei Gläser in einem abgedunkelten Raum mit Bier. Stellen Sie ein Glas ans Licht. Das zweite Glas bleibt weiterhin im Dunkeln stehen.
Vergleichen sie nach einigen Minuten den Geschmack des Bieres!

Beobachtungen und Erklärungen

① **Im Glas, das beim Einschenken senkrecht stand, ist mehr Schaum entstanden.**
An der Schaumbildung sind Proteine (Eiweißstoffe), Polysaccharide (aus vielen Zuckermolekülen aufgebaut), Bitterstoffe und die Kohlensäure beteiligt.

Beim Einschenken wird das Bier aufgewirbelt (wie beim Schütteln), wodurch die Kohlensäure H_2CO_3 in Kohlendioxidgas CO_2 und Wasser H_2O zersetzt wird.

$$H_2CO_3 \leftrightarrow H_2O + CO_2\uparrow$$

Proteine, Polysaccharide und Bitterstoffe bewirken, dass die Kohlendioxidbläschen nicht entweichen (wie im Mineralwasser), sondern festgehalten werden und den Schaum, die Krone, bilden.

Wird das Bier in ein senkrecht stehendes Glas eingeschenkt, findet eine stärkere Verwirbelung statt als beim Einschenken in ein waagerecht gehaltenes Glas. Demzufolge gibt es mehr Kohlendioxidbläschen und eine höhere Schaumkrone beim Einschenken in ein senkrecht stehendes Glas.

② **Das Bier, welches im Licht stand, zeigt den typischen „Lichtgeschmack".**
Bier ist extrem licht- und oxidationsempfindlich. Das Licht bewirkt eine Photolyse (Spaltung durch Licht) des Humulons zu 3-Methyl-2-buten-1-thiol.

Humulon ist ein Bitterstoff des Hopfens, eine a-Bittersäure. Humulon wird gespalten, und ein Spaltprodukt oxidiert (deshalb auch Photooxidation) mit H_2S (Schwefelwasserstoff) zu 3-Methyl-2-buten-1-thiol, das auch Methyl-butenyl-mercaptan heißt und den „Lichtgeschmack" verursacht. Um dies zu vermeiden, wird Bier in dunklen Flaschen verkauft.

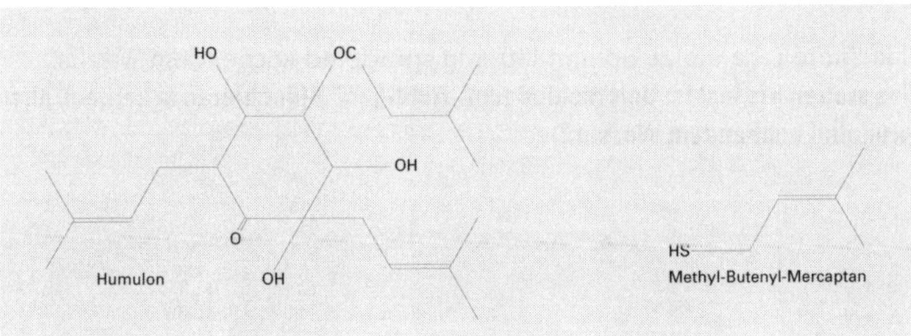

Blanchieren

Blanchieren bedeutet, das Blanchiergut in kleinen Portionen für ca. 2 Minuten in heißes Wasser zu geben, das kurz vor dem Siedepunkt ist. Häufig wird nach dem Blanchieren in Eiswasser abgeschreckt, um den Kochprozess sofort zu stoppen. Danach werden die blanchierten Lebensmittel unterschiedlich weiter verarbeitet, z. B. fertig gegart oder eingefroren.

Versuche

① Frieren Sie grünes Gemüse (Erbsen, Bohnen, Spinat, Kohl, …) ein. Tauen Sie es nach einer Woche wieder auf.
Beurteilen Sie die Farbveränderungen!

② Blanchieren Sie dasselbe grüne Gemüse, das Sie in Versuch ① benutzt haben. Frieren Sie es danach ein. Tauen Sie das Gemüse nach einer Woche wieder auf.
Vergleichen Sie die Farbveränderungen mit Versuch ①!

③ Kochen Sie dasselbe grüne Gemüse aus Versuch ① gar. Geben Sie dazu eine große Portion auf einmal ins siedende Kochwasser.
Vergleichen Sie das gare Gemüse mit einer anderen Portion desselben Gemüses, die Sie zuerst blanchieren und dann gar kochen!

④ Blanchieren Sie einige Spinatblätter in sprudelnd kochendem Wasser.
Was stellen Sie fest im Unterschied zum „richtigen" Blanchieren in heißem, aber nicht sprudelnd kochendem Wasser?

Beobachtungen und Erklärungen

① **Das aufgetaute Gemüse ist gelblich geworden.**

Die grüne Farbe des Gemüses stammt von den Farbstoffen Chlorophyll a und b. Diese können durch das Enzym Chlorophyllase zu den Chlorophylliden a und b abgebaut werden, wodurch die sonst von den Chlorophyllen überdeckten gelborangenen Carotinoide sichtbar werden und die gelbliche Farbe des Gemüses verursachen.

Die Chlorophyllasen kommen mit den Chlorophyllen erst in Kontakt, wenn die Zellen zerstört werden. Dies geschieht beim Tiefgefrieren, beim Kochen oder beim Schneiden.

② **Das aufgetaute Gemüse ist immer noch grün.**

Beim Blanchieren werden die Chlorophyllase und andere Enzyme, bei denen es sich ja um Proteine handelt, denaturiert (s. *Ei*) und damit inaktiviert. Infolgedessen wird kaum Chlorophyll abgebaut, und die frische, grüne Farbe bleibt erhalten.

Es empfiehlt sich also, grünes Gemüse vor dem Einfrieren immer zu blanchieren. Dadurch bleibt nicht nur die grüne Farbe, sondern auch das Vitamin C besser erhalten. Auch vor dem Garprozess sollte Gemüse blanchiert werden, damit es nicht verblasst, denn das Enzym Chlorophyllase hat seine höchste Aktivität bei 75 °C, einer Temperatur, die beim langsamen Garen lange Zeit gegeben ist. Auch aus diesem Grund sollte man Gemüse nur kurz, aber stark erhitzen (s. *Gemüse*).

③ **Das zuerst blanchierte Gemüse ist satt grün, das nicht blanchierte blass und gelblich verfärbt.**

Nach dem Blanchieren ist die Chlorophyllase inaktiv und kann beim anschließenden Garen keinen „Schaden" mehr anrichten. Ohne Blanchieren kühlt das Wasser bei der Zugabe der großen Portion Gemüse auf einmal stark ab, so dass die Enzyme unbeschadet ihre Arbeit aufnehmen können. Deshalb blanchiert man in kleinen Portionen.

Würde man das Gemüse in kaltes Wasser geben und dann erst erhitzen, so bleibt von der ursprünglich appetittlich grünen Farbe nach dem Garen nichts mehr übrig.

④ **Einige Spinatblätter sind zerrissen.**

Durch die starke Bewegung des sprudelnd kochenden Wassers können feine Strukturen wie die eines zarten Spinatblattes leicht zerstört werden. Dies wird vermieden, indem man immer in Wasser blanchiert, dessen Temperatur sich kurz vor dem Siedepunkt befindet. Somit findet keine stark aufwühlende Bewegung statt.

Braunfärbung von Obst/Gemüse

Dieses Phänomen stört jeden Koch: Schon während der Vorbereitung zum Kochen werden Pilze, Karotten, usw. braun, wenn sie bereits geschnitten sind. Auch Äpfel, Birnen, Bananen, Kartoffeln, usw. zeigen nach längerer Lagerung diese Erscheinung, selbst unangebissen oder ungeschnitten.
Manche „Küchenchefs" wollen die Färbung vermeiden, indem sie die Lebensmittel mit Zitrone beträufeln, luftdicht verpacken oder im Kühlschrank lagern.

Versuche

Benutzen Sie eine der oben genannten Obst- oder Gemüsesorten, aber für die Versuche 1–4 die gleiche, damit Sie die Ergebnisse besser untereinander vergleichen können.

① Lassen Sie einige Stücke als Kontrollversuch offen stehen!
Beschreiben Sie nach ca. 8 Minuten die „normalen" Veränderungen!

② Beträufeln Sie einige Stücke mit Zitronensaft!
Was beobachten Sie nach ca. 8 Minuten?

③ Stellen Sie einige Stücke in den Kühlschrank!
Beurteilen Sie deren Aussehen nach ca. 8 Minuten im Vergleich zu Versuch ①!

④ Stecken Sie einige Stücke in eine Plastiktüte, saugen Sie die Luft heraus und verschließen Sie die Tüte dicht!
Wie sieht dieses Obst/Gemüse nach ca. 8 Minuten im Vergleich zu Versuch ① und ② aus?

⑤ Halten Sie eine ungeschälte Banane zur Hälfte 10 Sekunden lang in kochendes Wasser!
Was beobachten Sie nach ca. 3 Minuten?

Beobachtungen und Erklärungen

① **Das Obst/Gemüse hat sich brauner gefärbt als in allen anderen Versuchen.**
In einer intakten Zelle gibt es verschiedene abgegrenzte Räume, die Zellorganellen. Beim Zerstören der Zellen durch das Schneiden werden auch die Begrenzungen dieser Zellorganellen zerstört, so dass sich deren Inhalt mit den restlichen Zellsäften vermischen kann.

Im Falle der Braunfärbung wird das Enzym Phenoloxidase (auch Tyrosinase) aus bestimmten Zellorganellen (Peroxisomen) freigesetzt. Es oxidiert die Aminosäure Tyrosin (aus Protein) und andere Pflanzenphenole, die weiter über Zwischenstufen zum braunen Melanin reagieren (Melanin kommt auch in der menschlichen Haut vor: Sommersprossen, Sonnenbräune, dunkelhäutige Menschen).

② **Die Obst-/Gemüsestücke haben sich nicht verfärbt.**
Der Zitronensaft enthält Ascorbinsäure (Vitamin C), das die Braunfärbung verhindert, indem es den Sauerstoff abfängt, der zur unter Versuch ① erklärten Oxidation unerlässlich ist.

Bei einem Obstsalat sollten deshalb zuerst zerkleinerte Zitrusfrüchte vorgelegt und dann Obststücke ohne Vitamin C hinzugefügt werden.

③ **Die kaltgestellten Stücke haben sich nicht oder kaum braun verfärbt.**
In der Kälte laufen Enzymreaktionen langsamer ab, weil die Enzyme weniger aktiv sind. Dadurch wird kein oder kaum Melanin gebildet.

④ **Die luftfrei gelagerten Stücke sind nicht gebräunt.**
Wird dem Obst/Gemüse die Luft entzogen, fehlt der zur Oxidation notwendige Sauerstoff, es bildet sich kein Melanin.

In Großmärkten wird Obst und Gemüse daher in CO_2-Hallen langzeitgelagert und ist auch nach Monaten noch völlig frisch.

⑤ **Der Teil der Bananenschale, der ins kochende Wasser gehalten wurde, hat sich komplett braun gefärbt.**
Die Hitzeeinwirkung zerstört die Zellen am Schalenrand. Phenoloxidase wird freigesetzt und leitet die Melaninbildung ein. Die Schale isoliert die innen liegenden Zellschichten und verhindert so eine Denaturierung des Enzyms.

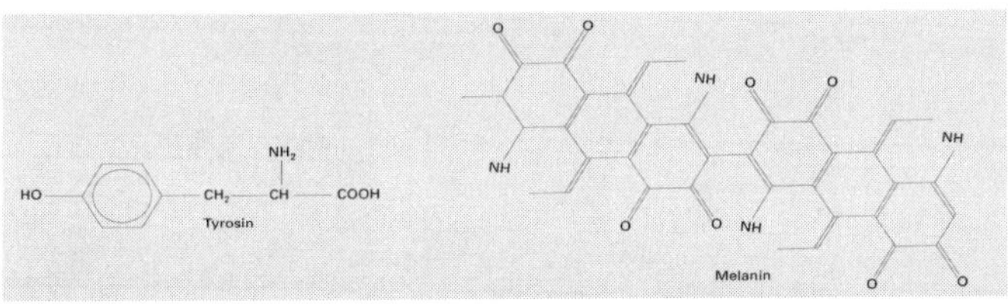

Brot

Brot besteht aus Wasser, Mehl und Hefe oder Sauerteig als Backtriebmittel. Weiterhin werden Körner verschiedenster Art als Ballaststoffe zugesetzt.

Versuche

① Lagern Sie ein frisches Brot 5 Tage lang offen.
Vergleichen Sie das Brotaroma mit einem frischen Brot.

② Lagern Sie ein frisches Brot 5 Tage lang offen.
Vergleichen Sie die Elastizität und den Feuchtigkeitsgehalt mit einem frischen Brot.

③ Lagern Sie ein frisches Brot bei Raumtemperatur offen und ein anderes frisches Brot im Kühlschrank.
Welches Brot wird schneller altbacken?

④ Backen Sie eine Scheibe des 5 Tage gelagerten Brotes im Backofen, im Toaster oder im Mikrowellengerät auf.
Vergleichen Sie die Elastizität und den Feuchtigkeitsgehalt mit frischem und dem 5 Tage alten Brot sofort nach dem Aufbacken und 10 Minuten später.

Beobachtungen und Erklärungen

① **Das Aroma des frischen Brotes ist intensiver und andersartig.**

Das Brotaroma verändert sich während der Lagerung aufgrund folgender Faktoren: Verflüchtigung von Aromastoffen, Diffusion (Wanderung) einzelner Aromakomponenten von der Kruste in die Krume, oxidative Veränderungen einzelner Aromastoffe (Säurebildung) und Adsorption (Anhaften) von Aromastoffen an Stärke und Eiweiß des Brotes.

② **Das 5 Tage gelagerte Brot ist unelastisch, hart und trocken, das frische Brot dagegen elastisch, biegsam und feucht.**

Beim Backen verkleistert die Stärke aus dem Mehl (s. *Soße binden: Mehl und Stärke*). Beim Abkühlen bilden sich neue H-Brücken zwischen den Stärkemolekülen, wodurch ein Gel entsteht.

Aus diesem Gelzustand rekristallisiert die Stärke teilweise beim Altbackenwerden. Durch diese Kristallbildung wird Wasser gebunden, das der im Gelzustand verbliebenen Stärke und den Proteinen (Eiweißen) entzogen wird. Dadurch wird das Brot unelastisch, hart und trocken, eben altbacken.

③ **Das kühl gelagerte Brot wird schneller altbacken.**

Die Kristallbildung der im Gelzustand befindlichen Stärke, die das Altbackenwerden hervorruft, ist bei 14°C optimal. Die Kühlschranktemperatur liegt mit 6–8°C nahe an diesem Kristallisationsoptimum.

④ **Das Brot ist nach dem Aufbacken elastischer und feuchter als altbackenes Brot, sogar feuchter und elastischer als frisches Brot, fast naß.**

Die Kristallisation der Stärke ist thermisch reversibel, also durch hohe Temperaturen, wie beim Aufbacken, umkehrbar. Die Stärke geht wieder in den Gelzustand über und gibt dabei Wasser ab, wodurch das altbackene Brot an Elastizität und Feuchtigkeit zunimmt und sogar frisches Brot übertrifft. Dieser Zustand ist aber nur von kurzer Dauer, da die Stärke beim Abkühlen wieder kristallisiert. Aufgebackenes Brot sollte man also schnell verzehren.

Eier

Eier dienen der Teigherstellung und häufig der Bereicherung des Frühstücks. Allerdings wird wegen ihres hohen Cholesteringehalts (200 mg/Ei) von zu häufigem Genuss abgeraten.

Die unterschiedlichen Vorlieben bezüglich der Konsistenz eines gekochten Hühnereis erfordern verschiedene Kochzeiten, wobei die Kochzeit erst beginnt, wenn das Ei in das sprudelnd kochende Salzwasser gelegt wird.

Versuche

① Kochen Sie ein Ei
a) drei
b) vier
c) fünf
d) acht bis zehn Minuten lang!

Vergleichen Sie Aussehen, Konsistenz und Geschmack der Eier!

② Pochieren Sie ein Ei! Dazu kochen Sie reichlich Wasser mit etwas Essig auf. Schlagen Sie das rohe Ei in eine Schöpfkelle auf und lassen Sie es ins Wasser gleiten. Bei schwacher bis mittlerer Hitze wird das Ei vier Minuten gegart, dann mit einer Schaumkelle herausgenommen.

Vergleichen Sie Aussehen, Konsistenz und Geschmack mit Versuch ①!

③ Braten Sie ein Spiegelei und ein Rührei!
Für das Spiegelei muss das Ei in die heiße, gefettete Pfanne gleiten, ohne dass sich Eigelb und Eiweiß (Eiklar) miteinander vermischen, beim Rührei werden sie vor dem Eingießen in die heiße, gefettete Pfanne vermischt.
Rührei braten, bis alles fest wird, das Spiegelei nur so lange, bis das Eiklar fest ist. (Das Spiegelei wird z. B. in England auch auf beiden Seiten gebraten.)

Vergleichen Sie Aussehen, Konsistenz und Geschmack mit den anderen Versuchen!

④ Kochen Sie zwei Eier 10 Minuten lang! Schrecken Sie ein Ei unter fließendem, kaltem Wasser ab.

Welches Ei lässt sich leichter pellen? Was beobachten Sie an der Innenseite der Kalkschale?

Beobachtungen und Erklärungen

① a) **Das Eiklar des so genannten „Frühstückseies" ist durchsichtig, der Dotter flüssig.**
b) **Das „weichgekochte Ei" hat weißes Eiklar, das außen fest und im Innern noch flüssig ist. Das Eigelb ist flüssig.**
c) **Das Eiklar ist weiß und fest, das Eigelb außen gestockt und innen flüssig. Dieses Ei nennt man „wachsweich".**
d) **Beim „hartgekochten Ei" sind weißes Eiklar und gelber Eidotter hart.**

Je länger das Ei kochte, desto mehr konnte die Hitze ins Ei eindringen und die Proteinbestandteile (Eiklar und Eigelb enthalten Proteine, auch Eiweiße genannt. Eiweiß bedeutet also nicht Eiklar, sondern Protein.) denaturieren, was die Verfestigung, das Weißwerden des Eiklars und die Geschmacksveränderungen bewirkte. Beim Denaturieren ändert sich die Struktur der Proteinmoleküle, sie liegen nicht mehr im natürlichen Zustand vor (daher „denaturieren"). Die Hitzedenaturierung tritt zwischen 60 und 80°C ein. Einige Proteine lassen sich auch durch Rühren bzw. Schütteln denaturieren (s. *Eischnee*).

② **Das pochierte Ei ähnelt in Aussehen, Geschmack und Konsistenz den wachsweichen Eiern.**

Es braucht allerdings weniger Garzeit, weil die Hitze auf das Ei einwirken kann, ohne sich vorher durch die Schale arbeiten zu müssen. Durch das Garen im kochenden Wasser wird das Protein höchstens auf 100°C erhitzt und so nicht zersetzt. Die Essigsäure aus dem zugegebenen Essig denaturiert das Protein ebenfalls (Säuredenaturierung) und sorgt mit der plötzlichen Hitzeeinwirkung dafür, dass das Ei in seiner Form stabilisiert wird.

③ **Das Rührei ist komplett fest, beim Spiegelei ist das Eiklar fest, der Dotter noch flüssig. Die gebratenen Eier schmecken anders als die gekochten.**

Auch hier wird Protein durch die Hitze denaturiert. Die Temperatur übersteigt aber die kritischen 120°C, bei der Protein zu Aminosäuren und verschiedenen Aromastoffen zerstetzt wird.

④ **Beim abgeschreckten Ei löst sich die Schale wesentlich leichter. In der abgepellten Kalkschale sind Häute und eine Luftkammer zu erkennen.**

Das Eiklar wird nach außen hin von zwei Schalenhäuten abgeschlossen, die eine Luftkammer einschließen. Beim Abschrecken wird das Ei von außen her schlagartig abgekühlt. Dabei ziehen sich die Schalenhäute zusammen und lösen sich vom Eiklar ab. Entsprechend bleiben Schalenhäute und Luftkammer an der Innenseite der Kalkschale haften. Auch bei einem rohen Ei „kleben" die Schalenhäute nach dem Aufschlagen an der Kalkschale. Wird das Ei nicht abgeschreckt, so hängen die Schalenhäute fest am Eiklar. Hieraus ergeben sich Schwierigkeiten beim Pellen, weil immer wieder Stücke des Eiklars herausgerissen werden.

Eis

Eiswürfel sind im Sommer heißgeliebt zum Kühlen der Getränke oder jahreszeitlich unabhängig unentbehrlich für Longdrinks. In Eiswürfelbeuteln oder wieder verwendbaren Metall- oder Plastikformen werden sie aus Wasser oder Fruchtsäften hergestellt.

Versuche

① Füllen Sie ein kleines Gläschen randvoll mit Wasser, verschließen Sie es dicht, legen Sie es in eine Plastikschüssel und stellen Sie diese verschlossen in das Gefrierfach Ihres Kühlschranks oder in die Gefriertruhe
Beobachten Sie einige Stunden danach vorsichtig, was passiert ist!

② Legen Sie einige Eiswürfel auf einen Teller und träufeln Sie wenig Flüssigkeit darüber!
Beobachten Sie mit all Ihren Sinnen!

③ Legen Sie einen Eiswürfel in eine Schüssel Wasser!
Wo befindet er sich?

Beobachtungen und Erklärungen

① **Das Gläschen ist mit einem Knall geplatzt. Das Wasser ist zu Eis erstarrt.**
Wasser dehnt sich beim Gefrieren um 9% Volumen aus, weil die Wassermoleküle vom flüssigen, ungeordneten Zustand in den festen, geordneten Zustand übergehen. Mit Hilfe der Wasserstoffbrücken (gepunktet) wird im Eiskristall eine Struktur aufgebaut, bei der jedes Wassermolekül einen festen Platz mit bestimmtem Abstand zu den benachbarten Molekülen einnimmt.

Diese Struktur beansprucht mehr Raum als flüssiges Wasser, bei dem die Moleküle flexibel wandern und auch „verschachtelt" vorkommen können.

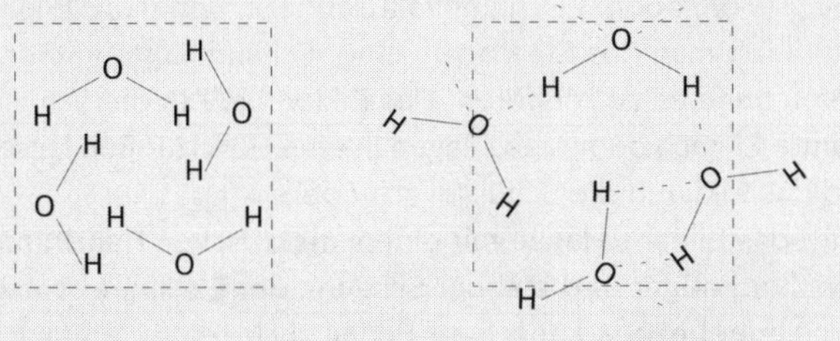

Wasser (flüssig) Eis (festes Wasser)

② **Beim Beträufeln wird ein Knacken hörbar und der Eiswürfel springt.**
Hier findet der umgekehrte Prozess zu Versuch ① statt. Das kalte Eis schmilzt plötzlich an den Stellen, an denen es mit der wärmeren Flüssigkeit beträufelt wurde. Dort fällt die Eisstruktur zusammen und braucht somit weniger Raum.

Diese plötzliche Volumenverkleinerung wird allerdings behindert durch das umliegende ungeschmolzene Eis, das nicht nachgibt. Die dabei auftretenden „Zugkräfte" des schmelzenden Wassers sprengen den Eiswürfel und erzeugen das Knacken.

Erst wenn der Eiswürfel kontinuierlich schmilzt, wenn also genug Flüssigkeit zugegeben wurde, wird auch die Volumenverringerung gleichmäßig und der Eiswürfel springt nicht mehr.(Das Phänomen ist zu vergleichen mit austrocknender Erde, die Risse bildet.)

③ **Der Eiswürfel schwimmt auf dem Wasser.**
Das Eis ist leichter als das Wasser. Die Dichte der „aufgelockerten" Eisstruktur beträgt 0,92 g/cm³, die der ungeordneten Struktur des Wassers 1,00 g/cm³.

Eischnee

Das Eiklar eines Hühnereis, das fälschlicherweise oft einfach als Eiweiß bezeichnet wird (auch Eigelb oder ein Stück Fleisch enthalten Eiweiße, also Proteine), verwendet man in der Küche häufig als Eischnee, um Desserts oder Backwaren (Baiser, Biskuit, Eiscreme, Soufflé) luftig zu machen.

Zur Herstellung des Eischnees muss zuerst das Hühnerei getrennt werden, d.h. man muss Eiklar (Eiweiß) und Eigelb sauber voneinander trennen. Dies geschieht, indem man das Ei in der Mitte vorsichtig (evtl. mit einem Messer) aufschlägt, dann über einer Schüssel die obere Eischalenhälfte abhebt, wobei das Eiklar in die Schüssel gleitet. Nun lässt man das Eigelb von einer Schalenhälfte immer wieder in die andere rutschen, ohne es zu zerstören. Das Eiklar fließt in die Schüssel. Man kann auch das gesamte Ei nach dem Aufschlagen in eine Hand fließen lassen und mit der anderen Hand das Eiklar in die Schüssel schieben.

Danach wird das Eiklar so lange mit einem elektrischen Handrührgerät geschlagen, bis ein weißer luftiger und stabiler Schaum, der Eischnee, entsteht. Mit Hilfe eines großen Schneebesens kann man Eiklar auch relativ einfach von Hand zu Eischnee schlagen.

Versuche

① Schlagen Sie das Eiklar eines Hühnereis steif!
Wie verändert sich das Eiklar bei zunehmender Schlagzeit?

② Schlagen Sie ein Eiklar, das mit wenig Eigelb verunreinigt ist!
Was stellen Sie fest?

③ Schlagen Sie ein Eiklar, das mit einigen Tropfen Spülmittel verunreinigt ist!
Was stellen Sie fest?

④ Füllen Sie ein kleines Gläschen mit Eiweiß fast voll, verschließen und schütteln Sie es einige Minuten!
Was beobachten Sie?

Beobachtungen und Erklärungen

① **Das Eiklar wird weiß, undurchsichtig und bildet eine feste, luftige Masse, deren Volumen um ein Vielfaches höher ist als das Volumen des Eiklars.**

Das Eiklar ist eine 10%ige wässrige Proteinlösung und aufgrund der gelösten Proteine zähflüssig (viskos).

Eines der bisher bekannten acht Proteine im Eiklar ist das Ovalbumin, das 65% der Gesamtproteinmenge ausmacht. Seine wichtigste Eigenschaft für die Küche ist, dass Ovalbumin durch Schütteln oder Schlagen denaturiert werden kann.

Beim Steifschlagen wird Luft eingeschlagen und die Knäuel der fadenförmigen Proteinmoleküle zerschlagen. Es bildet sich ein Netz aus Proteinfäden, das Luftblasen und Wasser „festhält". Deshalb wird der Eischnee so fest, dass beim Umdrehen der Schüssel nichts herausfließen sollte.

Noch besser hält der Eischnee die Luftbläschen, wenn Zucker zugefügt wurde (s. *Soufflé und Baiser*). Eischnee ist also durch Schütteln denaturiertes Hühnereiklar mit Lufteinschluß.

② + ③ **Das Eiklar lässt sich nicht richtig steif schlagen. Es entsteht ein flüssiger, weißer Schaum.**

Das Eigelb enthält Emulgatoren (Lecithin, Cholesterin, u.a.), die Grenzflächenaktivität zeigen, wie Spülmittel auch. Diese Stoffe machen die hydrophoben (wasserabweisenden) Aminosäurereste (Aminosäure= Baustein der Proteine) besser wasserlöslich. Dabei geht die hochgeordnete Proteinkonformation in einen ungeordneten Zustand über, und das Protein wird irreversibel denaturiert. Das so veränderte Protein hat die Denaturierungsfähigkeit durch Schlagen teilweise eingebüßt. Deshalb entsteht kein Eischnee.

Um brauchbaren Eischnee zu erhalten, muss das Eiklar also sauber vom Eigelb getrennt werden.

④ **Das Eiklar wird steif, nimmt aber kaum/nicht an Volumen zu.**

Durch das Schütteln wird das Ovalbumin denaturiert, aber ohne eingeschlagene Luft darin. Je mehr Luft ins steif werdende Eiklar geschlagen wird, desto voluminöser, lockerer und luftiger wird der Eischnee.

Rohes Eiklar: fadenförmige Proteinmoleküle liegen als Knäuel vereinzelt in der Proteinlösung vor

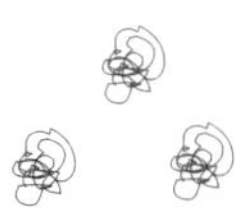

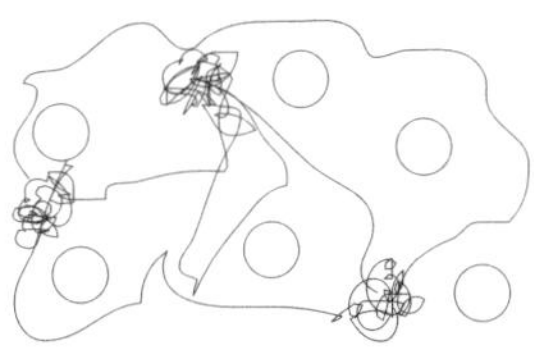

Eischnee: Knäuel teiweise aufgelöst, Proteine vernetzt und verfestigt, Luftbläschen und Wasser in ihren Bewegungsmöglichkeiten eingeschränkt

Eiscreme

Eiscreme ist eine heißgeliebte Abkühlung für heiße Sommertage oder jahreszeitlich ungebunden für den Abschluss eines Menüs.

Sie lässt sich mit mäßigem Aufwand auch selbst herstellen, übertrifft dann häufig den Geschmack von gekaufter Eiscreme und ist nach eigenen Vorstellungen variierbar.

Versuche

Für die folgenden Versuche benötigen Sie Eismasse, die Sie selbst herstellen.

Dazu schlagen Sie für Vanilleeis 4 Eigelb mit 2 Päckchen Vanillezucker, ca. 60g Zucker und 1 EL Wasser dickcremig auf (Handrührgerät 5 Minuten) und unterheben vorsichtig 200g steif geschlagene Sahne, die mit ca. 40g Zucker gesüßt wurde, sowie 4 steif geschlagene, mit 40g Zucker versetze Eiklar.

Für Schokoladeneis unterziehen Sie noch vorsichtig die Schokomasse aus 100g Zartbitterschokolade, die mit 1 EL Zucker und 4 EL Milch im Wasserbad (oder einfacher: in der Mikrowelle) geschmolzen wurde.

Verteilen Sie die Eismasse auf drei Schüsseln.

① Stellen Sie ein Drittel der vorbereiteten Eismasse für ca. 6 Stunden in das Gefrierfach Ihres Kühlschranks.
Wie beurteilen Sie die Cremigkeit der nun entstandenen Eiscreme?

② Stellen Sie das zweite Drittel der vorbereiteten Eismasse für ca. 6 Stunden in das Gefrierfach Ihres Kühlschranks und rühren Sie die Eiscreme drei- bis viermal nach jeweils ca. 45 Gefrierzeit mit einem Schneebesen gut durch, oder gefrieren Sie die Masse in einer Eismaschine.
Wie beurteilen Sie die Cremigkeit der Eiscreme im Vergleich zu Versuch ①?

③ Schütten Sie in das letzte Drittel der Eismasse unter Rühren das gleiche Volumen flüssigen Stickstoff (Vorsicht: Schutzbrille!).
Was beobachten Sie?
Wie beurteilen Sie die Cremigkeit im Vergleich zu Versuch ① und ②?

Beobachtungen und Erklärungen

① **Das Eis ist nicht cremig.**
Es hat sehr große Kristalle gebildet, weil es ohne Rühren gefrieren konnte und die Kristalle dadurch ausreichend Zeit zum Wachsen hatten.

② **Dieses Eis ist cremig.**
Die Eiskristalle sind kleiner als in Versuch ①, und die Eismasse ist etwas luftiger, beinhaltet also mehr Luftblasen.

Durch das Umrühren während des Abkühlens werden die wachsenden Kristalle immer wieder mechanisch zerkleinert.

Die Creme wird luftig, wenn bei der Zubereitung der Eismasse darauf geachtet wurde, die eingeschlossene Luft aus der steif geschlagenen Sahne und dem Eischnee nicht durch zu heftiges Einrühren in die, ebenfalls Luftbläschen enthaltende, dickschaumig geschlagene Eigelbmasse wieder auszutreiben (sonst fällt die Sahne bzw. der Eischnee beim Vermengen wieder zusammen und entlässt die beinhaltete Luft).

Außerdem wird durch das Umrühren während des Erstarrens Luft eingeschlagen.

③ **Beim Einfüllen des Stickstoffs sprudelt die Eismasse stark, und es entstehen Dampfwolken.**
Die Eiscreme ist in ihrer Cremigkeit kaum zu übertreffen. Sie besteht aus sehr kleinen Eiskristallen und ist voller Luftbläschen.

Der flüssige Stickstoff ist -196°C kalt. Dadurch wird die Eismasse so schnell abgekühlt, dass sich keine großen Eiskristalle bilden können, wodurch die Eiscreme so zartcremig wird.

Bei Raumtemperatur siedet (verdampft) der flüssige Stickstoff heftig, was das Sprudeln sowie die Dampfwolken hervorruft. Dabei kühlt die Eismasse schnell stark ab. Durch die Bildung vieler winziger Bläschen beim Sieden wird gleichzeitig eine optimale Durchmischung und Belüftung der Eismasse bewirkt.

Trotz des heftigen Sprudelns wird die bei der Vorbereitung in die Eismasse gerührte Luft nicht ausgetrieben, weil die Eiscreme so schnell gefriert, dass die Luftbläschen „festgehalten“ werden.

Eine Eismaschine gefriert das Eis schnell unter Rühren.

Fleisch

Für viele Gourmets ist ein gutes Essen ohne Fleisch nicht vorstellbar. Bei optimaler Zubereitung ist das Fleisch außen knusprig, innen saftig und zart.

Fleisch spielt in der menschlichen Ernährung eine wichtige Rolle als Proteinlieferant, kann in dieser Rolle aber durch Kartoffeln in Kombination mit Hühnerei ersetzt werden.

Versuche

① a) Braten Sie ein Steak in sehr heißem Öl kurz an!
b) Braten Sie ein Steak, das Sie mit Küchenpapier trockengetupft haben, in sehr heißem Öl kurz an!
Welchen Unterschied stellen Sie fest, wenn Sie die Fleischstücke ins heiße Fett legen?

② Braten Sie ein Steak in sehr heißem Öl auf beiden Seiten ca. 30 Sekunden scharf an (Vorsicht: Fettspritzer)! Schalten Sie dann auf mittlere Hitzezufuhr und braten Sie das Steak, bis es „gut durch" ist (je Seite noch ca. 5 Minuten)!
Beurteilen Sie die Kruste und Saftigkeit des Steaks!

③ Legen Sie das Steak in das kalte Öl, und erhitzen Sie beides! Braten Sie jede Seite ca. 5 Minuten bei mittlerer Hitze!
Vergleichen Sie Kruste und Saftigkeit mit Versuch ①!

④ Braten Sie ein gesalzenes Steak wie unter Versuch ② beschrieben!
Vergleichen Sie Kruste und Saftigkeit mit Versuch ② und ③!

Beobachtungen und Erklärungen

① **Bei Versuch a) spritzt das Fett stark, bei Versuch b) deutlich weniger.**
Das sehr heiße, fast rauchende Öl hat eine Temperatur von ca. 200°C, also weit höher als der Siedepunkt von Wasser (100°C).

Beim Anbraten des feuchten Fleisches siedet das Wasser sofort und breitet sich dadurch als Wasserdampf aus. Bei diesem schlagartigen Verdampfen werden Öltröpfchen mitgerissen, es spritzt. (Aus diesem Grund darf man brennendes Öl nicht mit Wasser löschen. Der Brand würde sich durch das wegspritzende, brennende Öl mit einer riesigen Stichflamme ausbreiten!)

② **Das Steak hat eine braune, knusprige Kruste. Innen ist es zart und saftig.**
Durch das scharfe Anbraten, wurde das außen liegende Protein stark und schnell denaturiert, so dass erstens die „Poren" (Räume zwischen den einzelnen Muskelfaserbündeln; keine Poren im eigentlichen Sinne als Hautöffnungen) verklebten und der Fleischsaft nicht mehr austreten konnte, wodurch das Steak innen saftig wurde, und sich zweitens eine schöne, knusprige Kruste gebildet hat, weil das heiße Öl das Wasser der Fleischoberfläche verdampft hat. Dadurch wurde die Kruste trocken, also knusprig.

Durch Bräunungsreaktionen bei über 100°C werden aus Zuckern und Aminosäuren, den Bausteinen der Proteine, geschmackvolle chemische Verbindungen erzeugt, die eine Kruste ausbilden.

Das Fleisch wird zart, weil sich das zähe Bindegewebsprotein Kollagen in weiche Gelatine umstrukturiert.

③ **Das Steak hat keine knusprige Kruste. Es ist innen trockener als in Versuch ② und hat Fleischsaft verloren.**
Das Steak wurde nicht scharf angebraten, also schlossen sich die „Poren" spät und der Fleischsaft lief aus.

④ **Das Steak hat eine knusprige Kruste, ist aber ebenfalls trockener als in Versuch ②, jedoch saftiger als in Versuch ③.**
Die Kruste stammt vom scharfen Anbraten. Das Salz wirkt hygroskopisch, also Wasser anziehend. Deshalb entzieht es dem Steak den Fleischsaft und trocknet es ein wenig aus.Demzufolge sollte man ein Steak erst nach dem Braten salzen.

Schnelle Denaturierung der Proteine: Poren verkleben und verschließen sich sofort, Fleischsaft bleibt erhalten

Langsame Denaturierung der Proteine: Poren schließen sich langsam, Fleischsaft tritt aus

Gemüse garen

Gemüse enthält viele Vitamine und Ballaststoffe. Weiterhin besteht es zu einem Großteil aus Wasser, enthält kaum Fett und entspricht so einer modernen, kalorienbewussten Ernährung.

Viele Gemüse werden roh als Salat verzehrt. Oft wird Gemüse auch gedünstet. Gemüse ist aber nicht erst gar, wenn es weich und formlos geworden ist und seine Flüssigkeit verloren hat. Bei dieser Zubereitungsmethode gehen viele Vitamine verloren.

Appetitlicher und gesünder ist knackiges, kurz gegartes Gemüse, bei dem die Vitamine weitgehend erhalten bleiben.

Versuche

Benutzen Sie für die folgenden Versuche immer dasselbe Gemüse, damit Sie die Ergebnisse besser vergleichen können. Es empfiehlt sich, Gemüse zu benutzen, das sehr viel Wasser enthält, z. B. Paprika.

① Erhitzen Sie etwas Öl in einer Pfanne und geben Sie einige kleine Gemüsestücke dazu. Verschließen Sie die Pfanne mit einem Deckel und garen Sie das Gemüse bei kleiner bis mittlerer Hitze ca. 10 Minuten.
Beurteilen Sie das Aussehen des Gemüses!

② Erhitzen Sie etwas Öl in einer gusseisernen Pfanne oder einem Wok sehr stark. Geben Sie das Gemüse dazu und braten Sie es unter ständigem Rühren bei mittlerer bis großer Hitze nur ca. 5 Minuten.
Vergleichen Sie mit Versuch ①!

③ Erhitzen Sie etwas Öl stark in einer Pfanne und geben Sie so viele kleine Gemüsestücke dazu, dass die Pfanne fast voll ist. Dünsten Sie das Gemüse unter Rühren ca. 10 Minuten bei mittlerer bis großer Hitze!
Vergleichen Sie mit Versuch ① und ②!

Beobachtungen und Erklärungen

① **Das Gemüse ist weich und formlos. In der Pfanne hat sich Flüssigkeit gesammelt.**
Das Wasser im Gemüse hat sich durch die Erwärmung ausgedehnt, und die Zellen sind geplatzt. Die Form hatte das Gemüse u.a. durch das Wasser erhalten. Das Auslaufen des Wassers hat deshalb die Form verändert.

② **Das Gemüse ist knackig, aber nicht roh. In der Pfanne ist keine Flüssigkeit.**
Durch die große Hitze wurde das Gemüse schnell gar. Es platzte aber nicht, weil das Gemüse durch das Umrühren immer wieder abgekühlt wurde. Ohne Umrühren würde sich das Wasser so schnell ausdehnen, dass die Zellen wie in Versuch ① platzen und auslaufen würden.

Außerdem wurde durch das Rühren gleichmäßig erhitzt und das Gemüse deshalb schnell gar.

Weil die Hitzeeinwirkung relativ kurz war, wurden die Vitamine nicht so stark geschädigt wie bei längerem, schwächerem Erhitzen.

Der Wok hat den Vorteil, dass er heiße und kalte Zonen bietet. Beim Rühren wird das Gemüse aus der heißen Zone in die kalte gebracht, und umgekehrt.Dadurch wird noch besser als in einer Pfanne verhindert, dass sich das Wasser plötzlich sehr stark ausdeht, die Zellen dadurch platzen und das Gemüse ausläuft.

③ **Wie in Versuch ① ist das Gemüse weich und formlos. In der Pfanne hat sich ebenfalls Flüssigkeit angesammelt.**
Am Boden der Pfanne herrscht die größte Hitze. Das hier befindliche Gemüse wird schnell sehr stark erhitzt, so dass die Zellen platzen und auslaufen, bevor das Gemüse mit dem Rührlöffel in Berührung kam, weil zu viel Gemüse „im Weg steht".

Durch die zu hohe Gemüsemenge kann ein gleichmäßiges Garen nicht gewährleistet werden. Nach einigen Minuten liegen teils überkochte, teils noch rohe Gemüsestücke vor.

Man sollte also immer nur kleine Mengen entsprechend der Pfannen- bzw. Topfgröße garen.

Hackfleisch

Hackfleisch wird für Nudelsaucen, Frikadellen, Farcen und Füllungen aller Art häufig in der Küche angetroffen.

Allerdings bietet die große Oberfläche optimale Bedingungen für hohen Bakterienbefall. Deshalb sollte man Hackfleisch nach dem Einkauf schnellstens kühl lagern und am besten am selben Tag verbrauchen.

Auch sollte man darauf achten, dass das Hackfleisch gut angebraten wird, um alle Krankheitserreger abzutöten. Nebenbei entwickeln sich beim Anbraten interessante Aromastoffe.

Das Problem beim Anbraten ist das Vermeiden von Klumpen, die außen braun und innen roh und deshalb gefährlich sind.

Versuche

① Erhitzen Sie Öl in einer Pfanne. Geben Sie Hackfleisch dazu.
Rühren Sie das Fleisch bei mittlerer bis starker Hitze (s. *Fleisch*) mit einer Gabel.
Beurteilen Sie die Klumpenbildung!

② Erhitzen Sie Öl in einer Pfanne. Geben Sie Hackfleisch dazu und gießen Sie wenig Wasser in die Pfanne. Rühren Sie das Fleisch bei mittlerer bis starker Hitze (s. *Fleisch*) mit einer Gabel.
Vergleichen Sie die Klumpenbildung mit den anderen Versuchen!

③ Erhitzen Sie Öl in einer Pfanne. Geben Sie Hackfleisch dazu und gießen Sie wenig Wasser in die Pfanne. Rühren Sie das Fleisch bei mittlerer bis starker Hitze (s. *Fleisch*) mit einem Kochlöffel oder einem Schneebesen.
Vergleichen Sie die Klumpenbildung mit den anderen Versuchen!

④ Geben Sie zu 100 g Hackfleisch 2 EL Wasser (ca. 20 ml). Verrühren Sie gründlich. Stellen Sie das Gefäß danach seitlich und fangen Sie die auslaufende Flüssigkeit mit dem Esslöffel auf.
Was stellen Sie fest?

Beobachtungen und Erklärungen

① **Das Fleisch bildet Klumpen.**
Das Fleisch besteht größtenteils aus Wasser, Eiweißen (Proteine) und Fett. Zwischen den Proteinen bestehen Anziehungskräfte, die auch die getrennten Proteinbruchstücke (Hackfleischstücke) einigermaßen zusammenhalten.

Bei der Hitze denaturiert das Eiweiß (s. *Ei und Fleisch*) und die Anziehungskräfte verschwinden. Dadurch wird das Hackfleisch bröckelig. Dazu muss allerdings jedes Hackfleischstück einzeln stark erhitzt werden, d.h. man muss durch Rühren die einzelnen Stücke voneinander trennen.

Mit der Gabel gelingt das einigermaßen, allerdings werden einige Stücke durch die Unterseite der Gabel zusammengedrückt, woraus sich Klumpen bilden.

Der zweite Grund für die Klumpenbildung ist die schlechte Trennbarkeit der rohen Fleischstücke, die noch stark zusammenkleben. Bis diese getrennt werden können, sind die umgebenden Stücke bereits denaturiert und verklebt. Sie haben einen Klumpen gebildet.

② **Auch hier gibt es Klumpen, jedoch weniger und kleinere als in Versuch ①.**
Das Wasser kann beim Rühren zwischen die einzelnen Hackfleischstücke eindringen und dort die Anziehungskräfte zwischen den Proteinen abschwächen, indem es selbst ans Protein bindet.

Gutes Fleisch zeichnet sich u.a. durch eine gute Wasserbindung des Proteins aus. Somit lassen sich durch Wasserzugabe die einzelnen Hackfleischstücke leichter trennen und Klumpen vermeiden. Die dennoch auftretenden Klumpen wurden von der Unterseite der Gabel beim Rühren zusammengedrückt.

③ **Es gibt keine Klumpen.**
Das Wasser verhindert die Bildung größerer Klumpen. Durch den Kochlöffel oder den Schneebesen wird ein Zusammendrücken der Hackfleischstücke und damit die Bildung kleinerer Klumpen vermieden.

④ **Es treten nur wenige Tropfen Flüssigkeit aus.**
Ein Qualitätskriterium von Fleisch ist sein Wasserbindevermögen. Fleisch besteht hauptsächlich aus Proteinen, also Eiweißstoffen. Diese besitzen auf Grund des chemischen Baus und der Struktur viele polare, also teilgeladene Stellen. Von diesen polaren Molekülbereichen können andere polare Moleküle wie das Wassermolekül angezogen und „festgehalten“ werden. Gutes Fleisch mit hohem Wasserbindevermögen ist deshalb auch nach dem Garen noch saftig.

Hefeteig

Hefeteig bildet die Basis für Pizza, Flammkuchen, verschiedene Obstkuchen und stellt auch eigenständig eine beliebte Nahrungsquelle dar, z. B. im Brot, als Hefezopf oder als Dampfnudel.

Bei der Herstellung braucht Hefeteig Zeit und Ruhe, um geschmeidig zu werden. Ein Hefeteig ist nach dem Anteigen zuerst angespannt, wird nach kurzer Zeit dehnbar und später elastischer.

Auf das Backergebnis wirkt es sich positiv aus, wenn bei der Teigherstellung zuerst ein Vorteig gerührt und dann erst der Hauptteig geknetet wird.

Versuche

① Rühren Sie 15 g frische Hefe und 2 EL von 275 g Mehl in 125 ml lauwarme Milch ein. Lassen Sie diese Mischung, den Vorteig, an einem warmen Ort (Heizung, Fensterbank mit Sonnenbestrahlung) ca. 30 Minuten gehen. Verrühren Sie diese Mischung mit dem restlichen Mehl, 25 g Butter, 40 g Zucker, einer Prise Salz und einem Ei zu einem weichen Teig. Kneten Sie diesen Teig 5 Minuten. Halbieren Sie den Teig und füllen Sie die Hälften in gleichgroße Gefäße, z. B. Messbecher. Lassen Sie eine Hälfte 30 Minuten an einem warmen Ort, die andere Hälfte an einem kalten Ort (Kühlschrank, Keller) gehen.
Welche Teighälfte dehnt sich stärker aus?

② Rühren Sie 15 g frische Hefe und 2 EL Mehl in 125 ml kochende Milch ein. Stellen Sie den Teig dann fertig, halbieren und lagern Sie ihn, wie in Versuch ① beschrieben.
Welche Teighälfte dehnt sich stärker aus?
Vergleichen Sie die Teigausdehnungen mit Versuch ①!

Beobachtungen und Erklärungen

① **Die warm gelagerte Teighälfte dehnt sich stärker aus.**

Der Teig dehnt sich aus, weil in der Hefe Enzyme sind, die Zucker (Rohrzucker, Saccharose) in Traubenzucker (Glucose) und Fruchtzucker (Fructose) spalten und zu Kohlendioxid-Gas (s. *Backtriebmittel*) und Ethanol (Alkohol) vergären. Außerdem bildet die Hefe einige Aromastoffe und andere Substanzen.

$$C_6H_{12}O_6 \rightarrow 2\,C_2H_5OH + CO_2\uparrow$$

Glucose/Fructose Ethanol Kohlendioxid

Das Gas kann aus dem zähen Teig nicht entweichen und bleibt deshalb als Blasen, die das Teigvolumen erhöhen, weiterhin im Teig enthalten. Auf diese Weise wird der Teig auch gelockert, wodurch beim Backen ein aufgelockertes, luftiges Gebäck entsteht.

Der warme Teig dehnt sich stärker aus, weil die Gärung am besten bei 28–32°C verläuft. Der kalt gelagerte Teig gärt auch, aber viel langsamer.

② **Die warm gelagerte Teighälfte dehnt sich stärker aus. Die Ausdehnungen beider Teighälften sind deutlich geringer als in Versuch 1).**

In der warm gelagerten Teighälfte gärt die Hefe besser und produziert schneller das Kohlendioxid-Gas. Beim Vermischen mit der kochenden Milch wird ein Großteil der Hefepilze durch die zu große Hitze abgetötet, so dass im Vergleich mit Versuch ① weniger Hefepilze gären, somit weniger Gas produzieren und den Teig nicht gut aufgehen lassen.

Normalerweise wird die Hefe mit lauwarmer Milch vermengt, weil die optimale Temperatur für das Hefewachstum bei 24–26°C liegt.

Der Vorteig dient hauptsächlich dazu, die Hefezellen zu vermehren, was durch geringe Zuckerzugabe positiv beeinflusst werden kann, weil die Hefezellen ihre „Lebensenergie" aus der o.g. Zuckervergärung gewinnen können.

Der Vorteig entwickelt sich also am besten bei 24–26°C, der Hauptteig bei 28–32°C. Damit die Zutaten, die normalerweise kälter als 24°C sind, diese Temperaturen erreichen können, ist die Lagerung bei jeweils etwas höheren Temperaturen sinnvoll. Deshalb gibt man lauwarme Milch zur kalten Hefe.

Honig

Honig entsteht aus Nektar (Blütenhonig), anderen süßen Pflanzensäften oder aus Honigtau, einer Absonderung von Pflanzen saugenden Insekten.

Honigbienen nehmen diese süßen Flüssigkeiten in ihren Honigmagen (Kropf der Biene) auf und versetzen sie mit enzymhaltigem Sekret aus den Kropfdrüsen. Der so behandelte Pflanzensaft wird in die Wabe „erbrochen“ und reift dort weiter zum Honig.

Zur Herstellung von 1 kg Honig besuchen die Bienen mehrere Millionen Blüten. Farbe, Aroma und Geschmack des Honigs sind von den besuchten Blüten abhängig.

Versuche

① **Wo beginnt bei einem frischen Glas flüssigen Honigs das Auskristallisieren (evtl. schon beim Kauf zu beobachten)?**

② **Was geschieht mit flüssigem Honig, der einige Monate alt ist?**

③ Stellen Sie ein Glas Honig, der vor kurzem auskristallisiert ist, offen in ein warmes Wasserbad, bis er schmilzt. Füllen Sie ein Drittel in ein neues, sauberes Glas und das zweite Drittel in ein altes, innen zerkratztes (notfalls nachhelfen), verschmutztes, staubiges Glas.
Beobachten Sie nach dem Abkühlen täglich, in welchem Glas und wo genau der Honig schneller erneut auskristallisiert?

④ Rühren Sie ins letzte Drittel des Honigs aus Versuch ② in geschmolzenem Zustand etwas Wasser ein. Lassen Sie den Honig (im ursprünglichen Glas) abkühlen.
Vergleichen Sie täglich und auch nach Wochen den verdünnten Honig mit den Honiggläsern aus Versuch ②!

Beobachtungen und Erklärungen

① **Der Honig kristallisiert zuerst am Boden des Glases aus oder liegt beim Kauf am Boden bereits auskristallisiert vor.**

Honig besteht hauptsächlich zu 70–80% aus Glucose (Traubenzucker) und Fructose (Fruchtzucker) zu ungefähr gleichen Teilen und aus 15–20% Wasser.

Honig stellt also eine hochkonzentrierte Zuckerlösung dar. Im Honig ist mehr Glucose enthalten als sich lösen kann, die Lösung ist übersättigt. Die Glucose kristallisiert entsprechend mit der Zeit aus und bildet den Bodensatz.

② **Der gesamte Honig kristallisiert aus.**

Nach längerer Lagerung und Benutzung des Honigs kristallisiert auch der obere Bereich des Honigs, in dem hauptsächlich Fructose enthalten ist, aus.

Mit der Zeit nimmt der Wassergehalt des Honigs ab. Dadurch erhöht sich die Konzentration der Zucker, so dass auch die Fructose irgendwann übersättigt vorliegt und auskristallisiert.

Zusätzlich werden durch das Eintauchen von Messern, Löffeln oder Fingern (?) Kristallisationskeime in den Honig eingetragen, also Substanzen, an denen der Zucker kristallisieren kann, z. B. Staub.

③ **Der Honig kristallisiert zuerst im alten Glas aus, und zwar an den verschmutzten, verstaubten und verkratzten Stellen.**

Schmutz, Staub und auch Unregelmäßigkeiten im Glas (Kratzer) können als Kristallisationskeime wirken und die Kristallisation der Zucker fördern. Hat sich erst einmal ein Kristall gebildet, so wirkt dieser als Kristallisationskeim für den restlichen, noch gelösten Zucker.

④ **Der verdünnte Honig kristallisiert für einige Wochen nicht aus.**

Durch die Wasserzugabe wurde die Zuckerlösung Honig wieder verdünnt, so dass keiner der Zucker übersättigt vorlag. Deshalb kristallisiert kein Zucker aus.

Auf diese Weise lässt sich ein kristallisierter Honig für lange Zeit wieder auflösen.

Hülsenfrüchte

Reife Samen von Pflanzen aus der Familie der Schmetterlingsblütler (Fabaceae, Leguminosae) nennt man Hülsenfrüchte.

Sie enthalten sehr viel Protein (Eiweiß) und spielen deshalb in der menschlichen Nahrung, besonders in den Entwicklungsländern, eine wichtige Rolle.

Hülsenfrüchte werden im Einweichwasser gekocht.

Versuche

① Kochen Sie Erbsen, die Sie über Nacht eingeweicht haben, im Einweichwasser.
Wie lange müssen die Erbsen kochen, um weich zu werden?

② Fügen Sie dem Einweichwasser 1 TL Natron (Natriumhydrogencarbonat/Natriumbicarbonat, $NaHCO_3$) oder 1 TL Ammoniumhydrogencarbonat (Ammoniumbicarbonat, $(NH_4)HCO_3$), das als Hirschhornsalz im Handel erhältlich ist, hinzu (richtiges Hirschhornsalz hat eine andere Zusammensetzung, s. *Backtriebmittel*). Kochen Sie die eingeweichten Erbsen.
Wie lange müssen die Erbsen im Vergleich zu Versuch ① kochen, um weich zu werden?

Beobachtungen und Erklärungen

① **Die eingeweichten Erbsen kochen recht lange.**

Beim Einweichen ist bereits ein Teil der Phytinsäure aus der Samenschale entwichen. Beim Kochen wird die Phytinsäurekonzentration in der Hülsenfrucht zwar schneller vermindert als beim Einweichen, das mindestens eine Nacht dauern sollte, allerdings lässt sich durch Einweichen die Kochzeit bis auf die Hälfte oder ein Drittel reduzieren.

Beim Kochen werden dann 57–74% der Phytinsäure ausgetrieben, sowie 30–40% der Calcium- und Magnesiumionen und 50% der Pektine (Kohlenhydrate).
Diese drei Faktoren bestimmen die Härte und daher auch die Kochzeit der Hülsenfrucht.

Zwischen zwei angrenzenden Zellwänden liegt die Mittellamelle, die aus Pektinen besteht und das Gewebe verfestigt. Durch Hitze werden diese Pektine gespalten und z. T. ins Kochwasser abgegeben. Die Hülsenfrucht wird dadurch weich.

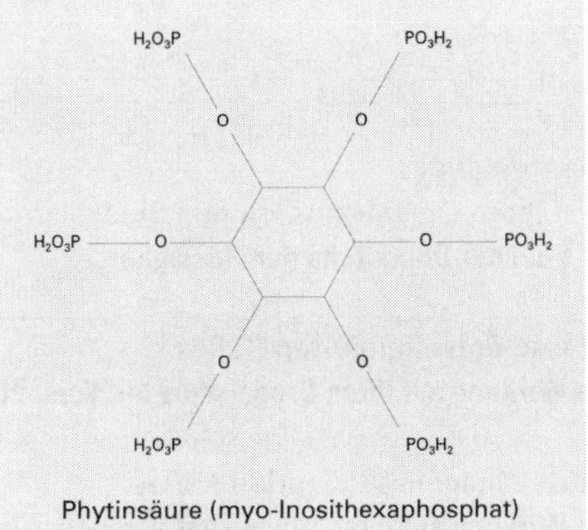

Phytinsäure (myo-Inosithexaphosphat)

② **Die eingeweichten Bohnen sind mit Natron oder Hirschhornsalz am schnellsten gar.**

Die Zellwände erweichen mit Natron oder käuflichem „Hirschhornsalz“ am leichtesten, weil dadurch Calcium- und Magnesiumionen gebunden werden.

Diese Ionen (die auch in hartem Wasser vorkommen ⇒ in weichem Wasser kochen Hülsenfrüchte schneller) werden beim Kochen aus der Frucht herausgelöst, können an die Pektine der Mittellamelle binden und diese dadurch verfestigen, was den Kochprozess verlängert.

Die Hydrogencarbonate im Kochwasser entfernen die Ionen, Mittellamellen und damit die Hülsenfrüchte erweichen schneller:

$$2\ HCO_3^- + Ca^{2+}/Mg^{2+} \rightarrow (Ca/Mg)CO_3\downarrow + H_2O + CO_2\uparrow$$

Kaffee

Das Kaffeegetränk ist der wässrige Aufguss der gerösteten und gemahlenen Samen von Pflanzen der Gattung *Coffea*.

Jeder Kaffeetrinker wählt sein Aufgussverfahren aus vielen Möglichkeiten aus:

- Filtrierverfahren (Percolation): Kaffee im Filter mit kochendem Wasser übergießen
- Aufbrühen (Infus): Kaffee mit kochendem Wasser übergießen, ziehen lassen und über Kaffeesieb oder Filter abgießen
- Aufkochen (Dekokt): Kaffee in heißes Wasser, aufkochen und über Kaffeesieb oder Filter abgießen
- maschinell mit Kaffee- oder Espressomaschinen

Versuche

① Trinken Sie eine Tasse Kaffee!
Welche Wirkung auf Ihren Organismus können Sie feststellen?
Was beobachten Sie auf der Oberfläche der Flüssigkeit?

② Trinken Sie eine Tasse entcoffeinierten Kaffee!
Vergleichen Sie die Wirkung auf Ihren Organismus mit Versuch ①!

③ Trinken Sie eine Tasse magenschonenden Kaffee!
Vergleichen Sie die Wirkung auf Ihren Magen mit Versuch ①!

④ Trinken Sie eine Tasse Instant-Kaffee (löslicher Kaffee/Pulverkaffee)!
Vergleichen Sie den Geschmack mit Versuch ①!

⑤ Bereiten Sie eine Tasse Kaffee mit destilliertem Wasser zu!
Vergleichen Sie die Oberfläche der Flüssigkeit mit Versuch ①!

Beobachtungen und Erklärungen

① **Herzschlagfrequenz und Blutdruck steigen an. Eventuell zittern die Hände. Die Blase drückt, man muss urinieren. Ein Häutchen schwimmt obenauf.**

Diese Wirkungen gehen v. a. auf das Psychotonikum Coffein zurück, das auf das zentrale Nervensystem und verschiedene Organe einwirkt. Es fördert geistige Fähigkeiten und regt Herzschlag, Blutdruck, Muskelkontraktionen (quergestreifte, willkürlich beeinflussbare Muskulatur), u. a. an.

Außerdem erweitert es die Blutgefäße und wirkt dadurch diuretisch (harntreibend), weil die Niere besser durchblutet wird.

Das Häutchen besteht aus Calcium- oder Magnesiumchlorogenat. Ca- und Mg-Ionen stammen aus dem Wasser, Chlorogensäure aus dem Kaffee.

② **Die Wirkungen von Versuch ① treten nicht auf.**

Zur Entfernung des Coffeins werden die ungerösteten Kaffeebohnen zuerst mit Wasserdampf gequollen, um das Coffein aus dem Kalium-Coffein-Chlorogensäure-Komplex freizusetzen.

Dann wird das Coffein mit organischen Lösungsmitteln oder flüssigem Kohlendioxid extrahiert. Entcoffeinierter Kaffee enthält höchstens 0,1 % der Trockenmasse an Coffein.

③ **Der magenschonende Kaffee reizt den Magen weniger.**

Unter Druck werden die rohen Kaffeebohnen mit Wasserdampf behandelt. Danach liegt weniger als 10% des ursprünglichen Anteils an Chlorogensäuren (Röstreizstoffe) vor.

④ **Der Instant-Kaffee schmeckt schlechter.**

Instant-Kaffee wird hergestellt, indem wässrige Kaffeeaufgüsse sprüh- oder gefriergetrocknet werden (Versprühen in heißer Luft oder Gefrieren im Vakuum). Dabei wird ihnen das Wasser bis auf 3–5 % Restgehalt entzogen. Leider gehen dabei auch Aromastoffe verloren.

⑤ **Es bildet sich kein Häutchen.**

Im destillierten Wasser gibt es keine Calcium oder Magnesiumionen, also bildet sich mit den Chlorogensäuren kein Häutchen.

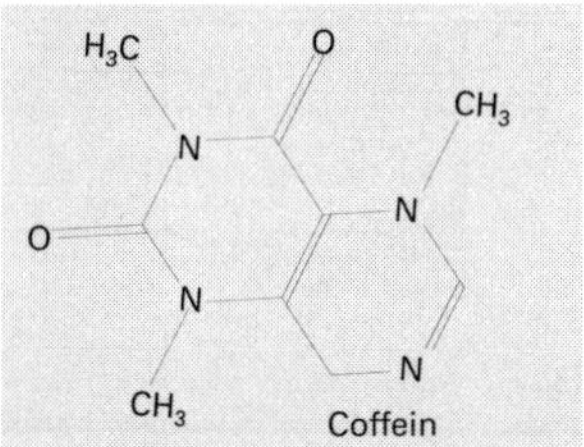

Coffein

Karamel

Karamel ist v.a. durch Karamelbonbons bekannt. In der feinen Küche werden allerhand Speisen mit Karamel „glasiert", also überzogen.Man kann ihn aus Zucker oder aus in Wasser gelöstem Zucker (Zuckersirup) herstellen.

Versuche

① Schmelzen Sie 1 EL Zucker bei mittlerer Hitze in einer Pfanne. Erhitzen Sie weiter unter Rühren.
Was beobachten Sie?
Beurteilen Sie den Geruch!
Welche Veränderungen stellen Sie nach dem Abkühlen fest?

② Lassen Sie die Karamelmasse aus Versuch ① erkalten. Versuchen Sie, den Karamel aus dem Topf zu entfernen. Geben Sie dann etwas Wasser in den Topf und kochen Sie unter Rühren das Wasser auf.
Wie verhält sich der Karamel?

Beobachtungen und Erklärungen

① **Die Zuckerschmelze wird braun und nach dem Abkühlen fest. Es riecht karamelartig.**
Der Zucker (Saccharose) schmilzt zuerst und bildet dann ab einer Temperatur von 150–200 °C verschiedene Reaktionsprodukte, die den Karamel bilden. Einige dieser Stoffe rufen das Karamelaroma hervor.

Es finden Kondensationen (Zusammenlagerung von Molekülen unter Abspaltung kleinerer Moleküle, z. B. Wasser), Isomerisierungen (Umlagerungen einiger Atome innerhalb des Moleküls) und Fragmentierungen (Zerbrechen der Moleküle) statt.

Es werden auch Moleküle mit Doppelbindungen gebildet. Diese Doppelbindungen absorbieren das Licht und bewirken die Farbigkeit des Karamels.

Charakteristische Aromastoffe des Karamels sind Maltol und 4-Hydroxy-2,5-dimethyl-furanon, das den Trivialnamen Furaneol hat.

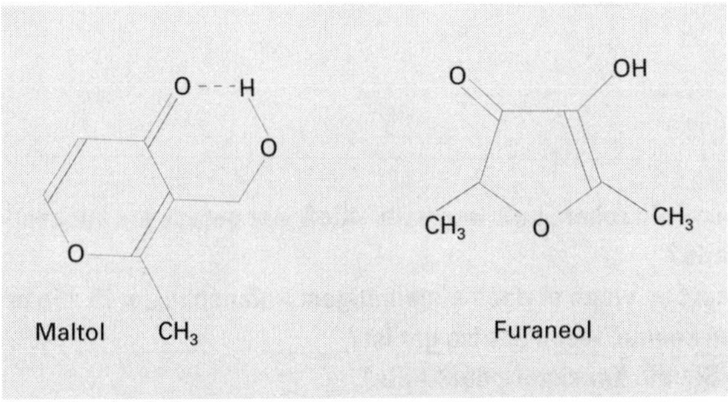

Maltol
Furaneol

② **Der feste Karamel lässt sich kaum aus dem Topf entfernen.**
Beim Rühren im kochenden Wasser löst sich der Karamel auf und bildet eine braune Flüssigkeit.

Auf diese Weise lässt sich jeder Topf nach einer Karamelisierung leicht reinigen. Der Karamel löst sich, wie auch der rohe Zucker, in heißem Wasser besser. Die entstandene Lösung heißt Zuckerculör und wird in der Lebensmittelindustrie als brauner Farbstoff (z. B. Cola) mit der Kennummer E 150 eingesetzt.

Kartoffelklöße

Klöße oder Knödel dienen hervorragend als Soßenträger. Sie müssen frisch serviert werden, da sie nach längerem Stehen zusammenfallen und ihre Lockerheit verlieren.

Bei frisch zubereiteten Klößen besteht selbst für Chefköche das Problem, die Konsistenz des Teiges optimal zu bestimmen. Ist er zu weich, fällt der Kloß beim Kochen auseinander, bei zu festem Teig wird der Kloß nicht locker.

Auch herrscht Uneinigkeit darüber, ob der Teig aus 4/5 roh geriebenen und 1/5 frisch gekochten und geriebenen Kartoffeln bestehen soll (Thüringer Klöße) oder ob andere Zusammensetzungen besser wären.

Eine gute Alternative, die diese Probleme löst, sind „halb und halb"-Knödel oder Knödel im Kochbeutel. Außerdem ist deren Zubereitung schneller und einfacher.

Versuche

① **Wo schwimmt ein roher „halb und halb"-Kloß, der gerade ins kochende Wasser geworfen wurde?**
Wo schwimmt er, wenn er nach einminütigem Aufkochen ca. 15 min bei schwacher Hitze ziehen konnte, wenn er also gar ist?
Beurteilen Sie die Konsistenz der Klöße!
Was beobachten Sie, wenn Sie den Kloß aufschneiden?

② Lassen Sie einen rohen „halb und halb"-Kloß in handwarmem Wasser ca. 15 Minuten ziehen.
Wie ist die Konsistenz dieses Knödels im Vergleich zu Versuch ①?

Beobachtungen und Erklärungen

① **Der rohe Knödel sinkt auf den Topfboden. Nachdem er gargezogen ist, schwimmt er an der Wasseroberfläche. Beim Aufschneiden entweicht heißer Dampf.**

Die Siedetemperatur des Salzwassers liegt über 100°C (s. *Salz*). Bei dieser Temperatur wird Wasser des Knödelteigs während des Garprozesses zu Wasserdampf. Diese Gasblasen entweichen nicht aus dem Kloß, weil sie die verkleisternde Stärke (s. *Soße binden: Mehl und Stärke*) nicht durchdringen können. Durch die Gasblasen wird der Kloß aufgelockert.

Beim Aufschneiden des Knödels entweicht der Wasserdampf. Aufgrund der Auflockerung ändert sich während des Garens die Dichte (Masse/Volumen) des Knödels, d.h. ein gleichgroßes Knödelstück wiegt nach dem Garen wegen der Wasserdampfblasen weniger als vor dem Garen, also ohne Gasblasen.

Die Dichte des Wassers beträgt 1 g/ml. Der rohe Kloß geht unter, weil er schwerer als Wasser ist. Er hat also eine höhere Dichte als 1 g/l. Der gare Kloß schwimmt, ist also leichter als Wasser. Seine Dichte ist kleiner als 1 g/l.

Rohe Klöße sind schwerer als Wasser und sinken zum Topfboden

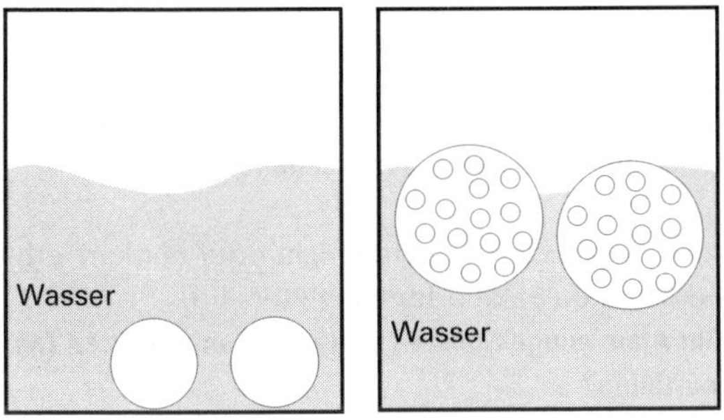

Gare Klöße enthalten viele Wasserdampfblasen,sind deshalb leichter als Wasser und schwimmen

② **Der Kloß ist roh und nicht locker.**

Die Kartoffelstärke ist nicht verkleistert,weil die Temperatur zu gering dafür war. Deshalb ist der Kloß roh.

Die Temperatur ist auch zu gering, um Wasserdampf aus dem Wasser des Teiges zu bilden, so dass der Kloß nicht aufgelockert wird.

Um dies zu vermeiden, werden die Klöße in kochendes Wasser geworfen und das Wasser danach nochmals aufgekocht. Dann läßt man die Klöße mindestens eine Minute kochen und anschließend ca. 15 Minuten bei schwächerer Hitzezufuhr ziehen.

Die Verkleisterungstemperatur für Karoffelstärke liegt bei 58–66°C und ist bei o.g. Bedingungen im gesamten Garprozess überschritten.

Knoblauch

Knoblauch (*Allium sativum*) gibt vielen Gerichten durch seinen würzigen Geschmack eine besondere, unverwechselbare Note.
Der gefürchtete „Knoblauchatem“ hält allerdings viele davon ab, sich dem aromatischen Genuss hinzugeben und die blutreinigende, anti-arteriosklerotische Wirkung zu nutzen.

Versuche

① Riechen Sie an einer Knolle Knoblauch!
Riechen Sie nun an einer angeschnittenen oder gepressten Knoblauchzehe!
Welchen Unterschied stellen Sie fest?

② Essen Sie a) eine nicht oder nur kurz erhitzte Knoblauchspeise und
b) an einem anderen Tag eine lang erhitzte Knoblauchspeise!
Welcher Atemgeruchsunterschied lässt sich (durch eine andere Person) jeweils einige Stunden bzw. am Tag nach dem Essen feststellen?

③ Essen Sie an einem weiteren Tag eine nicht oder nur kurz erhitzte Knoblauchspeise mit einem grünen Salat oder viel Petersilie!
Wie lässt sich Ihr Atem einige Stunden später bzw.am nächsten Tag im Vergleich zu Versuch ②a) beurteilen?

Beobachtungen und Erklärungen

① **Die Knoblauchknolle ist geruchlos; erst die angeschnittene Knoblauchzehe riecht stark.**

In einer Zelle gibt es mehrere abgegrenzte Räume wie es in einer Wohnung verschiedenen Zimmer gibt. In einem dieser abgegrenzten Räume der Zellen einer Knoblauchknolle ist das geruchlose Alliin enthalten.

Wird die Zelle verletzt (anschneiden, pressen, kochen, gefrieren), werden auch die Abgrenzungen innerhalb der Zelle zerstört, also beispielhaft die Wände und Türen zwischen den Zimmern. Danach kommt Alliin aus einem „Zimmer" mit dem Enzym Alliinase aus einem anderen „Zimmer" in Kontakt, und Alliin wird zum eigentlichen Geruchstoff Allicin abgebaut. Deshalb riecht der Knoblauch erst nach dem Verletzten der Zellen aromatisch.

Allicin gibt dem Gericht den typisch aromatischen Knoblauchgeruch, ist gleichzeitig der Wirkstoff gegen Ateriosklerose, Durchblutungsstörungen, Bluthochdruck und zeigt die antibiotische Wirkung des Knoblauchs.

② **Der Atem bei Versuch** a) **weist den typischen Geruch von Knoblauchessern auf, der bei Versuch** b) **nicht auftritt.**

Aus dem Allicin entstehen nach längerem Stehen oder durch Einwirkung von Wasserdampf (beim Kochen/Backen) das den Knoblauchgestank ausmachende Diallyldisulfid und andere Alkenylsulfide (allgemeine Formel: C_3H_5-S_x-C_3H_5), die resorbiert und z.T.. über die Lungen abgeatmet werden. Daher rührt der Knoblauchatem.

Längere, starke Hitzeeinwirkung zerstört Allicin und Alkenylsulfide, nach längerem Kochen fehlt also die Geruchsbelästigung, aber auch der aromatische Knoblauchgeschmack. Deshalb gibt man Knoblauch erst zum Schluss des Kochprozesses zu und nimmt den Knoblauchatem in Kauf.

③ **Der charakteristische Knoblauchgestank kam nicht oder sehr abgeschwächt zustande.**

Chlorophyll, das in grünen Pflanzenteilen enthalten ist, überdeckt den entstehenden Geruch, so dass (vorerst) der Knoblauchatem ausbleibt.

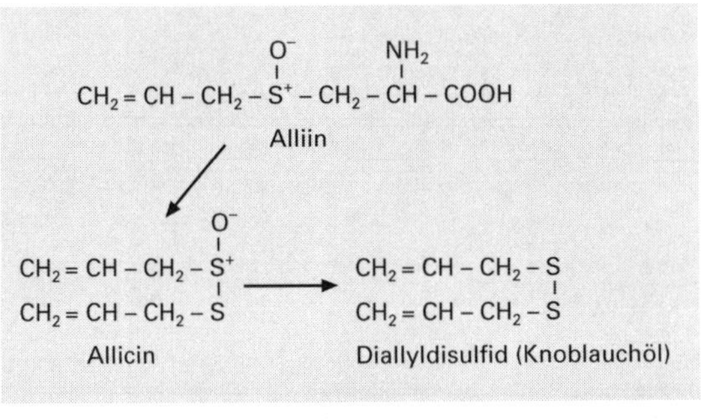

Marmelade

Zur Herstellung von Marmelade wird durch Zerkleinern erhaltenes Fruchtmark verschiedener Obstsorten mit käuflichem Gelierzucker eingekocht. Konfitüre enthält im Unterschied zur Marmelade noch ganze Fruchtstücke, Gelée nur den Fruchtsaft.

Versuche

① Kochen Sie 500 g zerkleinertes Obst 15 Minuten lang mit 500 g Gelierzucker. Lassen Sie die Fruchtmasse abkühlen.
Welche Veränderung beobachten Sie an der abgekühlten Fruchtmasse?

② Kochen Sie 500 g zerkleinertes Obst 15 Minuten lang mit 500 g Gelierzucker und 1 TL Speisenatron. Lassen Sie die Fruchtmasse abkühlen.
Vergleichen Sie Ihre Beobachtungen mit Versuch ①!

Beobachtungen und Erklärungen

① **Beim Abkühlen hat sich die Fruchtmasse verdickt.**

Der Gelierzucker enthält ca. 1 % Pektine, die für die gelierende Wirkung verantwortlich sind. Pektine sind Kohlenhydrate, genauer Polysaccharide, die aus vielen (1–4)-verknüpften Einheiten der α-D-Galacturonsäure bestehen.

Die Pektinketten vernetzen und bilden beim Erkalten dadurch ein Gel, wenn der Zuckergehalt und der pH-Wert richtig eingestellt sind. Die Pektine aus normalem Gelierzucker erfordern einen Zuckergehalt von 58–75% und einen sauren pH-Wert von 2,8–3,5, um ein stabiles Gel zu bilden. Deshalb muss man mindestens so viel Zucker wie Fruchtmasse zugeben. Der pH-Wert wird durch Zitronensäure oder Weinsäure eingestellt, die im Gelierzucker enthalten sind.

② **Bei der Zugabe des Natrons bildet sich sehr viel Schaum. Die Fruchtmasse hat sich beim Abkühlen nicht verdickt.**

Das Natron (Natriumhydrogencarbonat/Natriumbicarbonat) (s. *Backtriebmittel*) erhöht den pH-Wert, weil es die H^+-Ionen aus der sauren Fruchtmasse entfernt, indem es mit den H^+-Ionen Kohlensäure bildet.

$$\underset{\text{Natron}}{NaHCO_3} + H^+ \rightarrow Na^+ + \underset{\text{Kohlensäure}}{H_2CO_3}$$

Die Kohlensäure zerfällt anschließend in Wasser und Kohlendioxid-Gas.

$$\underset{\text{Kohlensäure}}{H_2CO_3} \rightarrow \underset{\text{Wasser}}{H_2O} + \underset{\text{Kohlendioxid-Gas}}{CO_2\uparrow}$$

Das Kohlendioxid-Gas verursacht die Schaumbildung.

Durch das Natron ist der für die Gelbildung benötigte pH-Wert nicht mehr gegeben und es bildet sich kein Gel.

Erhöht man den pH-Wert beispielsweise von 3,0–3,2 auf 3,5, so muss für eine vergleichbare Gelierung das Doppelte bis Dreifache an Pektinen zugegeben werden. Bei pH-Werten über 3,55 bildet sich kein Gel mehr aus. Durch den Zusatz des 1 TL Natron hat sich der pH-Wert deutlich über 3,55 erhöht.

Mayonnaise

Mayonnaise lässt sich sehr leicht selbst herstellen. Sie eignet sich als Dip, z.B. für Pommes frites, als Grundlage einer Salatsauce, z.B. bei Nudel- oder Kartoffelsalat oder mit Kräutern gewürzt als Remoulade beim Grillen oder für Fondue.

Der Legende nach hat der Koch des französischen Kardinals Richelieu vorsichtig Öl mit Essig und Eigelb verrührt. Das geschah an dem Ort „Port Mahon", was seinem Produkt den Namen gab.

Versuche

① Mischen Sie in einem Glas je zur Hälfte Öl und Wasser. Verschließen Sie das Glas und schütteln Sie gut durch. Lassen Sie das Glas einige Minuten ruhig stehen!
Was beobachten Sie?

② Verrühren Sie ein Eigelb mit 1 TL Zitronensaft oder Essig, 1 TL Senf, Salz und Pfeffer. Geben Sie dann ca. 125 ml Öl in feinem Strahl unter ständigem Schlagen mit einem Schneebesen dazu!
Wie verändert sich die Flüssigkeit?

③ Geben Sie das Öl auf einmal in die Eigelbmischung und schlagen Sie dann!
Vergleichen Sie das Produkt mit der Mayonnaise aus Versuch ①!

Beobachtungen und Erklärungen

① **Die zwei Flüssigkeiten waren nach dem Schütteln durchmischt.**
Beim Stehen trennten sie sich wieder auf. Nach einiger Zeit waren beide Flüssigkeiten wieder sauber voneinander getrennt. Das Öl schwamm wieder auf dem Wasser.

Die Fettmoleküle sind unpolar, d.h. sie weisen keine Ladungsunterschiede an verschiedenen Bereichen des Moleküls auf. Wassermoleküle sind polar, sie besitzen positiv und negativ geladene Molekülbereiche und bilden deshalb Dipole (zwei Pole: positiv und negativ).

In polaren Flüssigkeiten können sich nur andere polare Flüssigkeiten mischen, in unpolaren nur andere unpolare. Das polare Wasser kann also nicht mit dem unpolaren Öl gemischt werden, höchstens für kurze Zeit durch starkes Schütteln. Deshalb trennen sich die beiden Flüssigkeiten wieder.

② **Die Flüssigkeit wird immer dicker. Am Ende erhält man eine weiße (bei viel Senfzugabe eine gelbliche), dicke Creme.**
Mayonnaise ist eine „Öl in Wasser"-Emulsion (Ö / W). In einer Emulsion sind Tröpfchen einer Flüssigkeit (hier Öl) in einer mit ihr nicht mischbaren anderen Flüssigkeit (hier Wasser) feinst verteilt (dispergiert).

Normalerweise würden sich die beiden Flüssigkeiten wie in Versuch 1) wieder auftrennen. Bei der Mayonnaise bleibt die Emulsion aber stabil, weil das Eigelb Lecithin und Cholesterin enthält, die als Emulgatoren wirken.

Emulgatoren sind stäbchenförmige Moleküle mit einem unpolaren, wasserabweisenden, also „hydrophoben" und einem polaren, wasserliebenden, also „hydrophilen" Ende. Der hydrophobe Teil dringt in das Fetttröpfchen ein, der hydrophile bleibt außen im Wasser.

Auf diese Weise werden die kleinen Fetttröpfchen im Wasser stabilisiert und verschmelzen nicht mehr. Durch das langsame Eingießen und das Schlagen werden die Fetttröpfchen ganz klein und das Fett wird optimal im Wasser mit den Emulgatoren verteilt.

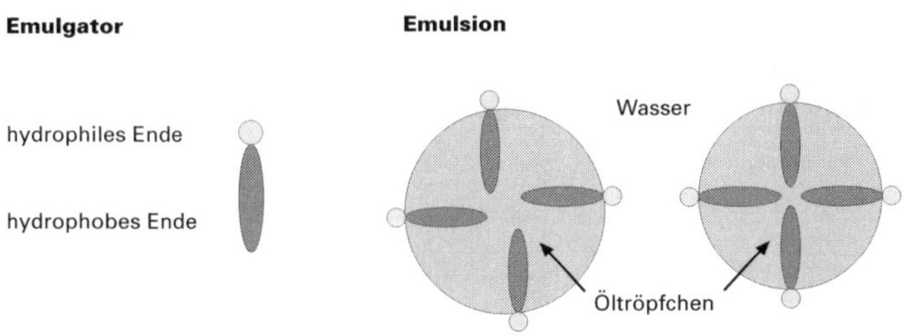

③ **Die Flüssigkeiten vermischen sich nicht so gut wie in Versuch ②.**
Die Herstellungsmethode lässt keine optimale Zerteilung des Öls in kleinste Tröpfchen zu, das Öl wird schlechter emulgiert.

Milch

Milch ist das durch regelmäßiges, vollständiges Ausmelken des Euters gewonnene und gründlich durchgemischte Gemelk von einer oder mehreren Kühen, aus einer oder mehreren Melkzeiten, dem nichts zugefügt und nichts entzogen ist (früherer Wortlaut des §1 der 1. Ausführungs-V.O. des Milchgesetzes von 1931).

Auch Ziegen-, Schafs-, Stuten- und menschliche Milch (Muttermilch) dient dem Menschen als Getränk oder zur Herstellung von Käse, Eiscreme, Bechamelsauce, Pudding, u.v.m.

Da Milch das Nahrungsmittel der Jungtiere (-menschen) ist, enthält sie alle zum Leben wichtigen Stoffe in optimaler Zusammensetzung.

Versuche

① Kochen Sie 1/4 l Milch in einem Topf auf und erhitzen Sie die Milch noch ca. 5 Minuten bei kleiner Hitze!
Was beobachten Sie auf der Milchoberfläche?
Was beobachten Sie im Topf, nachdem Sie die Milch ausgegossen haben?
Vergleichen Sie nach dem Abkühlen den Geschmack der abgekochten Milch mit frischer Milch!

② Kochen Sie 1/4 l Milch in einem Topf auf. Erhitzen Sie weiter stark!
Was beobachten Sie?

③ Lassen Sie eine Tasse Milch ca. eine Woche bei Raumtemperatur stehen!
Was beobachten Sie?
Wie hat sich der Geschmack verändert?

④ Lassen Sie eine Tasse Milch in der Sonne stehen!
Vergleichen Sie den Geschmack mit Milch, die im Dunkeln gelagert wurde!

Beobachtungen und Erklärungen

① **Auf der Milchoberfläche bildet sich Milchhaut. Nach dem Ausgießen bleibt ein dünnes Häutchen im Topf zurück. Die Milch schmeckt typisch abgekocht.**

Beim Erhitzen gerinnt das Milcheiweiß Casein, weil es aus seiner Bindung mit Calciumionen gelöst wird. Die nun freien Calciumionen bilden schwerlösliche Verbindungen, welche das gerinnende Eiweiß, Milchfett und, zu Beginn der Milchhautbildung, auch Gasbläschen (verdampfendes Wasser) einschließen.

Das eingeschlossene Eiweiß und Milchfett sammelt sich an der Oberfläche der Milch und bildet die Milchhaut, die eingeschlossenen Gasbläschen haften an den Topfwänden und bilden das Häutchen im Topf nach dem Ausgießen.

Der typische Geschmack abgekochter Milch entsteht durch karamelartige Substanzen, die bei der Zersetzung des Milchzuckers (Lactose) entstehen.

② **Die Milch kocht über.**

Die Proteine erhöhen die Zähflüssigkeit des Wassers (s. *Eischnee*) in der Milch, so dass sie in Verbindung mit der Milchhaut Gasblasen (Wasserdampf) schwerer entlässt und aufgrund der dadurch ausgelösten großen Volumenzunahme überkocht.

③ **Auf der sauren Milch schwimmen gelbliche Schlieren und weiße Flocken.**

Bei längerem Stehen fließen die Fetttröpfchen, die in der homogenisierten Milch durch starkes Mischen fein verteilt wurden (Tröpfchen von 1–20 µm ∅), an der Oberfläche zusammen und bilden den Rahm als Schlieren (Aufrahmung). Milchfette sind wegen eines carotinoiden Farbstoffs gelblich.

Die Flocken sind geronnenes Casein (Milcheiweiß). Bei der Lagerung vermehren sich die Milchsäurebakterien (Streptococcus lactis), die aus Milchzucker (Lactose) Milchsäure bilden. Milchsäure verursacht den sauren Geschmack und die Ausflockung (Gerinnung) des Caseins (s. *Quark*).

④ **Die Milch weist den typischen „Sonnengeschmack" auf.**

Der Sonnengeschmack entsteht durch die Aminosäure Methionin, die bei Sonneneinstrahlung in Methional zersetzt wird.

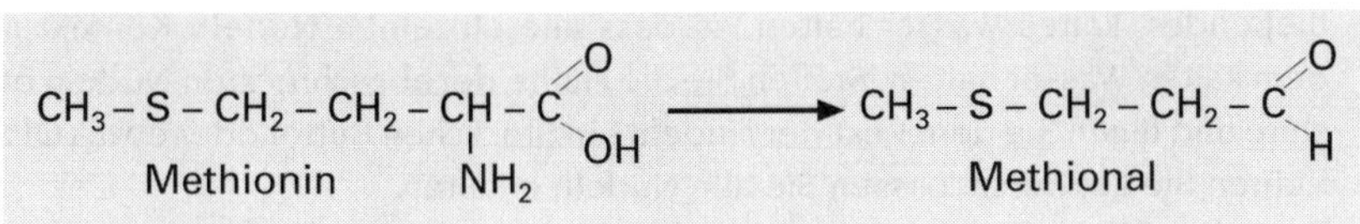

Nudeln

Nudeln sind ein leicht verdauliches Nahrungsmittel, das viel Energie liefert und deshalb bei Sportlern besonders beliebt ist.

Bei der Zubereitung stellt sich das Problem, wie man das Zusammenkleben der Nudeln verhindert, wofür jeder Koch sein eigenes Patent hat: Mischen der gekochten Nudeln mit Butter, Ölzugabe ins Kochwasser oder Abschrecken.

Versuche

① Legen Sie einige Nudeln für 5 Minuten in kaltes Wasser und rühren Sie dabei öfter um.
Beurteilen Sie die Klebrigkeit der Nudeln und die Veränderung des Wassers!

② Legen Sie einige Nudeln in kaltes Salzwasser (s. *Salz*). Erhitzen Sie das Wasser und kochen Sie die Nudeln.
Vergleichen Sie die Nudeln mit Versuch ③!

③ Kochen Sie einige Nudeln ohne und einige mit ca. 4 EL Öl im Kochwasser.
Welchen Unterschied stellen Sie beim Kochen fest?
Beurteilen Sie die Klebrigkeit der Nudeln nach dem Abkühlen!

④ Schütten Sie eine Packung (250 g) Nudeln in kochendes Wasser und kochen Sie die Nudeln. Gießen Sie die Nudeln durch ein Sieb ab, wenn Sie „al dente", also bissfest sind.
Legen Sie 1/4 der abgegossenen Nudeln beiseite. Fügen Sie zum nächsten 1/4 ein Stückchen Butter oder etwas Öl und rühren Sie gut durch. Stellen Sie auch diese Nudeln beiseite.
Schrecken Sie die restliche Hälfte der Nudeln ab, indem Sie das Sieb kurz unter fließendes, kaltes Wasser halten, so dass alle einzelnen Nudeln Kontakt mit dem kalten Wasser hatten. Stellen Sie die Hälfte der abgschreckten Nudeln beiseite und fügen Sie dem Rest der Nudeln ein Stückchen Butter oder etwas Öl zu. Rühren Sie gut durch. Lassen Sie alle Nudeln erkalten.
Beurteilen Sie die Klebrigkeit der unterschiedlich behandelten Nudeln!

Beobachtungen und Erklärungen

① **Die Nudeln sind ganz leicht klebrig. Das Wasser ist milchig trüb.**
Das Klebereiweiß im Mehl der Nudeln (s. Soße binden: Mehl und Stärke) quillt im Wasser und bewirkt die leichte Klebrigkeit. Durch das Rühren wird das Klebereiweiß von der Nudel abgespült und trübt das Wasser milchig.

② **Die Nudeln unterscheiden sich nicht von denen, die in kochendes Wasser geworfen wurden.**
Die Garprozesse, also die Verkleisterung der Stärke (s. *Soße binden: Mehl und Stärke*) und die Gerinnung der Proteine (s. *Ei*), finden erst in höheren Temperaturbereichen statt, nicht in kaltem Wasser.

Die Quellung des Klebers (Versuch ① spielt beim Garen der Nudeln keine Rolle. Deshalb ist es absolut egal, ob die Nudeln in kaltem Wasser aufgekocht oder in kochendes Wasser geworfen und weitergekocht werden, zumal das kochende Wasser beim Zufügen der Nudeln ohnehin stark abkühlt.

③ **Im Kochwasser ohne Öl steigt der Schaum sehr hoch, bei Ölzugabe nicht. Die Nudeln kleben in beiden Fällen nach dem Abkühlen zusammen.**
Das dem Kochwasser zugefügte Öl schwimmt obenauf und mindert so die Schaumbildung, die auf der durch die Kleberproteine erhöhten Viskosität des Kochwassers beruht.

Beim Abgießen fließt das Öl aber größtenteils in den Ausguss. Mit den Nudeln hat das Öl kaum Kontakt, kann deshalb auch das Verkleben nicht verhindern.

④ **Die „unbehandelten" Nudeln kleben am meisten. Etwas weniger kleben die abgeschreckten Nudeln. Die gefetteten Nudeln kleben nicht aneinander.**
Die verkleisterte Stärke (s. *Soße binden: Mehl und Stärke*) bewirkt die Verklebung mit den umliegenden Nudeln. Das kann durch Abschrecken, also Abspülen des oberflächlichen Kleisters mit kaltem Wasser, das den Verkleisterungsprozess stoppt (warmes Wasser würde zwar spülen, die Verkleisterung aber nicht stoppen) nur kurzzeitig behoben werden, weil die Nudeln selbst noch heiß sind und die Verkleisterung fördern.

Nur ein Fettfilm zwischen den Nudeln verhindert wirksam und dauerhaft das Zusammenkleben. Auf italienische Art verhindert man das Zusammenkleben, indem die Nudeln sofort nach dem Kochen mit der Soße vermengt werden.

Obstreifung

An der Reifung vieler Früchte ist das Phytohormon (Pflanzenhormon) Ethylen (Ethen) beteiligt.

Versuche

① Legen Sie eine unreife Banane neben einen (fast) reifen Apfel, eine weitere unreife Banane weit entfernt vom Apfel. Beide Bananen und der Apfel sollten bei Raumtemperatur gelagert werden.
Beobachten Sie täglich, welche der beiden Bananen schneller reift!

② Legen Sie eine unreife Banane in den Kühlschrank.
Beurteilen Sie täglich den Reifezustand dieser Banane im Vergleich zu den anderen Versuchen!

③ Legen Sie eine unreife Banane an eine sehr windige Stelle.
Beurteilen Sie täglich den Reifezustand dieser Banane im Vergleich zu den anderen Versuchen!

④ Legen Sie eine unreife Banane mit einem (fast) reifen Apfel in eine Schüssel und verschließen Sie diese fest. Lagern Sie das Obst bei Raumtemperatur.
Beurteilen Sie täglich den Reifezustand dieser Banane im Vergleich zu den anderen Versuchen!

⑤ Legen Sie eine unreife Banane mit einem (fast) reifen Apfel in eine Schüssel und verschließen Sie diese fest. Legen Sie eine weitere unreife Banane offen neben einen (fast) reifen Apfel, wie in Versuch ①. Lagern Sie das gesamte Obst bei erhöhter Temperatur (Heizung / direkte Sonneneinstrahlung).
Beurteilen Sie täglich den Reifezustand dieser Bananen untereinander und im Vergleich zu den anderen Versuchen!

Beobachtungen und Erklärungen

① **Die Banane, die neben dem Apfel lag, ist schneller gereift.**

Im Apfel, wie auch in Tomaten, Bananen, Avocados, Birnen, u.a., steigt die Produktion des Phytohormons Ethylen in einer bestimmten Reifungsphase, dem Klimakterium, stark an. Die Frucht ist im Klimakterium, wenn sie fast reif ist. Ethylen fördert die Fruchtreifung. Da Ethylen ein Gas ist, verbreitet es sich leicht und lässt umliegende Früchte schneller reifen.

② **Die Banane ist die unreifste im Vergleich zu den anderen.**

Die tiefe Temperatur verlangsamt die Ethylenbildung und somit die Reifung.

③ **Die Banane reift schneller als die gekühlte, aber langsamer als alle übrigen.**

Durch den Wind wird das gasförmige Ethylen ständig entfernt und kann deshalb seine fördernde Wirkung auf die Fruchtreifung nicht voll entfalten.

Beim Transport von Bananen wird die Reifung tatsächlich durch Entfernen des gebildeten Ethylens oder Kühllagerung verhindert.

④ **Die Banane reift schneller als in den vorherigen Versuchen.**

Die verschlossene Schüssel bewirkt eine Ansammlung des Ethylens und dadurch eine schnellere Reifung.

Die Reifung von Bananen wird großtechnisch durch Begasung mit Ethylen zum gewünschten Zeitpunkt (kurz vor dem Verkauf) herbeigeführt.

⑤ **Die Banane in der verschlossenen Schüssel reift am schnellsten. Die Banane in der offenen Schüssel reift ähnlich schnell wie in Versuch ④.**

Hitze fördert die Ethylenproduktion. In der verschlossenen Schüssel sammelt sich das Ethylen und bewirkt die schnellste Reifung aller Bananen. Auch in der offenen Schüssel bildet sich mehr Ethylen als in den anderen Versuchen, wodurch die Banane ähnlich schnell reift wie in Versuch ④.

Pellkartoffeln

Kartoffeln stammen aus dem Andengebiet in Südamerika.

Pellkartoffeln sind in der Schale gekochte Kartoffeln. Dadurch lassen sich die Mineralstoffverluste von 25–40 % bei Salzkartoffeln auf 10–30 % bei Pellkartoffeln reduzieren.

Es empfiehlt sich daher, für eine gesündere Ernährung Kartoffeln immer als Pellkartoffeln zu kochen und dann zu schälen. Außerdem sollte man sie in möglichst wenig Wasser kochen, um das Auslaugen der Mineralstoffe gering zu halten.

Versuche

① Kochen Sie ungeschälte Kartoffeln ca. 15 Minuten in wenig Wasser. Lassen Sie die Kartoffeln erkalten, und schälen Sie die Pellkartoffeln.
Wie leicht lässt sich die Schale ablösen?

② Kochen Sie ungeschälte Kartoffeln ca. 15 Minuten in wenig Wasser. Schrecken Sie die Kartoffeln ab, indem Sie das Kochwasser abgießen und kaltes Wasser über die Kartoffeln fließen lassen. Schälen Sie die Kartoffeln nach dem Erkalten.
Wie leicht lässt sich die Schale im Vergleich zu Versuch ① ablösen?

③ Entfernen Sie an einer gekochten, ungeschälten Kartoffel nur einige Teile der Schale. Lassen Sie die Kartoffel einen Tag bei trockener Luft liegen.
Beurteilen Sie die Veränderungen zur frisch geschälten Kartoffel!

④ Reiben Sie auf einer Rohkostreibe eine frisch gekochte und geschälte Pellkartoffel. Reiben Sie dann eine geschälte Pellkartoffel, die am Vortag gekocht wurde.
Welche Kartoffel lässt sich besser reiben?
Beurteilen Sie die Klebrigkeit der Raspel!

Beobachtungen und Erklärungen

① Die Schale lässt sich relativ schwer ablösen.

Die Schale wird von der beim Kochen verkleisterten Kartoffelstärke (s. *Soße binden: Mehl und Stärke*) an das Innere „geklebt“. Deshalb lässt sie sich nur schwer ablösen.

② Die abgeschreckte Kartoffel ist leichter schälbar.

Beim Abspülen mit dem kalten Wasser wird der Verkleisterungspozess in den Außenschichten der Kartoffel gestoppt und die verkleisterte Stärke geliert (s. *Brot*). Gelierte Stärke klebt nicht, also klebt die Schale nicht mehr an der Kartoffel. Außerdem zieht sich die Schale beim Abkühlen zusammen und unterstützt so die leichtere Ablösung.

Nicht abgeschreckte Kartoffel: Schale nur schwer von verkleisterter Stärke ablösbar

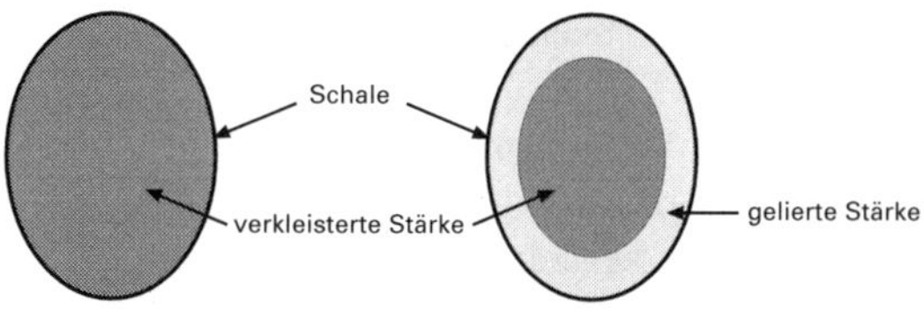

Abgeschreckte Kartoffel: Schale leicht von gelierter Stärke ablösbar

③ An den Stellen, an denen die Schale abgelöst wurde, ist die Kartoffel geschrumpft.

Die Kartoffel enthält ca. 75% Wasser. In der trockenen Luft ist wenig Wasser enthalten. Somit besteht ein Konzentrationsgefälle zwischen dem Wassergehalt der Kartoffel und dem der Luft. Dies hat zur Folge, dass die Kartoffel Wasser an die Luft abgibt (Verdunstung) und selbst vertrocknet. Dabei schrumpft sie. An den ungeschälten Stellen ist kein Schrumpfen zu beobachten, weil die Schale vor Verdunstung schützt.

④ Die Kartoffel, die am Vortag gekocht wurde, lässt sich besser reiben, weil die Raspel trocken und fest sind. Die frisch gekochten Kartoffelraspel sind klebrig und weich.

In der heißen Kartoffel ist die Kartoffelstärke gerade verkleistert. Die Raspel sind deshalb klebrig, feucht und weich. In der Kartoffel vom Vortag ist die verkleisterte Stärke geliert und hat dabei das Wasser aufgenommen. Diese Kartoffel ist dadurch trocken und fest, die Raspel kleben nicht.

Für Klöße und Pfannkuchen eignen sich deshalb frisch gekochte Kartoffeln, für Bratkartoffeln eher Kartoffeln vom Vortag.

Popcorn

Im Kino oder auf dem Rummelplatz erfreut sich Popcorn, also gepoppter Mais, großer Beliebtheit. Er wird gezuckert oder gesalzen angeboten und ist leicht selbst herzustellen. Popcorn-Mais ist getrockneter Wachsmais, kein Süßmais (Zuckermais).

Versuche

① Popcorn-Mais in dünner Schicht in einen hohen (!) Topf mit wenig heißem Öl geben, den Topf verschließen und abwarten.
Was beobachten Sie (mit allen Sinnen)?

② Frische Maiskörner (Süßmais) in dünner Schicht in einen hohen (!) Topf mit wenig heißem Öl geben, den Topf verschließen und abwarten.
Was beobachten Sie im Unterschied zu Versuch ①?

③ Beträufeln Sie etwas Popcorn mit Wasser.
Was passiert?

Beobachtungen und Erklärungen

① **Unter lautem Knallen platzen die Maiskörner auf, fliegen durch den Topf und es entsteht Popcorn.**

Die starke Hitze bewirkt die Verdampfung des Wassers, das selbst im trockenen Maiskorn zu ca. 10% in der Maisstärke enthalten ist.

Die Stärke von Wachsmais, also Popcorn-Mais, enthält zu 99–100% Amylopektin, das beim Erhitzen sehr stark quillt.

Die Wasserdampfblasen und die quellende Stärke erhöhen das Volumen des Maiskorns so stark, dass es aufgrund seiner getrockneten und spröden Außenhaut mit lautem Knall aufplatzt.

Das Wasser und die Hitze führen ab 62°C zu einer teilweisen Verkleisterung der Maisstärke (s. *Soße binden: Mehl und Stärke*), wodurch die restliche rohe Stärke beim Aufplatzen zusammengehalten wird und das lockere, weiße Gefüge ausbildet, das wegen des „Pop"-Geräuschs Popcorn (corn = englisches Wort für Mais) genannt wird.

② **Die Maiskörner verkohlen. Einige platzen mit einem Knall auf, allerdings ohne das typische, weiße Popcorn-Gefüge zu bilden. Die Körner sind größer.**

Frische Maiskörner enthalten mehr Wasser als die trockenen Popcorn- Maiskörner. Da die Schale der frischen Maiskörner feucht und deshalb weich und elastisch ist, kann sie sich bei der Wasserdampfbildung ausdehnen und das Platzen verhindern.

Einige Körner platzen trotzdem, weil die Schale beim Braten austrocknet und spröde wird. Selbst in diesem Fall gibt es kein typisches Popcorn, weil durch den höheren Wassergehalt mehr Stärke verkleistert und die daraus resultierende bessere Verklebung im Maiskorn ein Entstehen des lockeren Popcorngefüges verhindert. Außerdem enthält die normale Maisstärke nur 72% Amylopektin und quillt deshalb weniger.

③ **Beim Beträufeln wird das Popcorn weich und kleiner.**

Das Wasser löst die beim Abkühlen der verkleisterten Stärke entstandene Gelstruktur (s. *Soße binden: Mehl und Stärke*) auf, so dass sie zusammenfällt.

Quark, Joghurt, Frischkäse

Milchprodukte werden von Ernährungswissenschaftlern geschätzt, weil sie viel Eiweiß, Vitamine und Mineralstoffe enthalten und so der gesundheitsbewussten, modernen Ernährung dienen.

Die Herstellung beginnt damit, dass (z.T.. zugesetzte) Milchsäurebakterien den Milchzucker (Lactose) zu Milchsäure vergären. Die Art der Bakterien entscheidet über das „Schicksal" der Milch (Quark, Joghurt, Frischkäse, Buttermilch, Kefir, ...).

Die Milchsäure bewirkt die Ausflockung des Milcheiweißes (v.a. Casein), indem sie Calciumlactat bildet und das Calcium somit aus der Calcium-Protein-Bindung entfernt, was den Zusammenbruch des Proteingerüsts und damit das Ausflocken zur Folge hat.

Die dickflüssige Caseinmasse (Bruch, Käsestoff) wird von der Flüssigkeit (Molke) abgetrennt. Die Quark- oder Joghurtherstellung ist beendet, Frischkäse wird noch gesalzen und andere Käsesorten entwickeln sich erst durch eine anschließende lange Reifung.

Versuche

① Lassen Sie etwas Quark, Joghurt oder Frischkäse nach dem Öffnen eine Nacht im Kühlschrank stehen, nachdem Sie die Flüssigkeit, die sich oben angesammelt hat, abschütten!
Was beobachten Sie am nächsten Tag?

② Wiederholen Sie Versuch ①, aber streuen Sie etwas Kochsalz über das Milchprodukt, bevor Sie es über Nacht kühl stellen!
Was beobachten Sie am nächsten Tag?

Beobachtungen und Erklärungen

① Am nächsten Tag hat sich erneut Flüssigkeit auf der Oberfläche des Milchprodukts angesammelt.

Milchprodukte sind Gallerten, also kolloide Lösungen* hauptsächlich von Eiweiß (Casein) in Wasser, die eine bestimmte Festigkeit und Form aufweisen.

In dieser Gallerte ist das Eiweiß in Gerüsten angeordnet, die regelmäßig in der Flüssigkeit verteilt sind. Durch die Wechselwirkungen zwischen den Eiweißmolekülen ziehen sich diese zusammen (liegen dann schlechter verteilt vor) und verdrängen die Flüssigkeit nach außen. Dadurch bildet sich Flüssigkeit (Molke) auf dem Milchprodukt. Die Gallerte schrumpft/kontrahiert und „schwitzt" (Synäresis).

Zusätzlich verursachen die Milchsäurebakterien im Quark ein weiteres Ausflocken des Caseins und damit neue Molkebildung, indem sie verbliebene Lactose zu Milchsäure abbauen.

* Kolloid= disperses (vermischtes) Stoffsystem, in dem Teilchen von 1 bis 100 nm ∅ in einem Dispersionsmittel besonders fein verteilt sind.

② Am nächsten Tag hat sich auch beim gesalzenen Milchprodukt erneut Flüssigkeit gebildet, jedoch mehr als in Versuch ①.

Zusätzlich zu den Vorgängen bei Versuch ① bewirkt auch die hygroskopische (wasserziehende) Eigenschaft des Kochsalzes die Wasserbildung auf dem Milchprodukt.

U. a. wird der Caseinmasse bei der Käsereifung auf diese Weise das Wasser entzogen. Die Käsemasse wird häufig gesalzen, der Käse wird so immer fester und bildet die Käserinde.

Quark und Frischkäse unterscheiden sich – grob gesehen – z. B. nur dadurch, dass Quark ungesalzen und der Frischkäse gesalzen ist. Dadurch ist der Frischkäse, verglichen mit Quark, fester und trockener.

„Aufgelockerte" Gallerte:
keine Molke obenauf

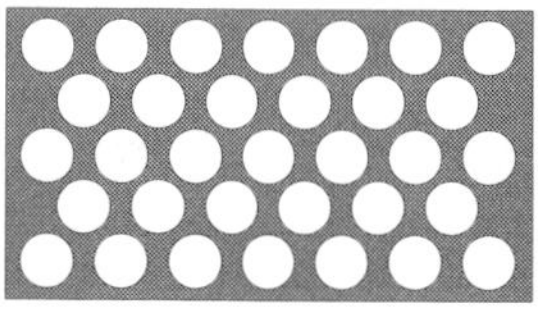

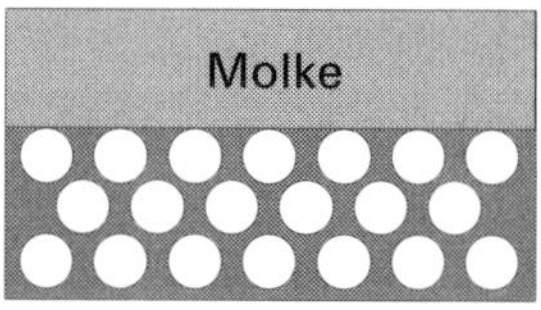

1 Tag später:
Kontrahierte Gallerte, Molke obenauf

Reis

Reis stellt in den asiatischen Ländern das Hauptnahrungsmittel dar. Die zwei Reisarten (*Oryza glaberrima, Oryza sativa*), die angebaut werden, unterteilt man in die Unterarten indica, japanica und javanica, die zusammen ca. 10000 Sorten hervorbringen.

Die Unterart „indica" bildet den Langkornreis, z.B. Patna-Reis. Die Unterart „japanica" hat ein rundes, dickes Korn (Rundkornreis, Klebreis, Wachsreis) und wird z.B. für Milchreis verwendet. Die Unterart „javanica" hat ein dickes, breites Korn (Mittelkornreis), das v.a. in Italien angebaut und als Risotto gegessen wird.

Versuche

① Kochen Sie eine Tasse Reis einer beliebigen Sorte in viel Wasser auf und lassen Sie den Reis in ca. 20 Minuten bei schwacher Hitze zugedeckt garen. Gießen Sie den Reis (in einem Sieb) ab.
Braten Sie eine Tasse Reis der gleichen Sorte wie in Versuch ① in Öl an. Fügen Sie viel Wasser dazu, kochen Sie den Reis auf und lassen Reis in ca. 20 Minuten bei schwacher Hitze zugedeckt garen. Gießen Sie den Reis ab.
Vergleichen Sie die Klebrigkeit des unterschiedlich zubereiteten Reises!

② Kochen Sie je eine Tasse Langkorn-, Mittelkorn- und Rundkornreis mit je zwei Tassen Wasser auf und lassen Sie die drei Reissorten in ca. 20 Minuten bei schwacher Hitze zugedeckt ausquellen, bis alle Flüssigkeit aufgesogen ist. Stellen Sie bei allen drei Töpfen die Hitzezufuhr auf einmal ab.
Vergleichen Sie die Klebrigkeit der Reissorten untereinander!

Beobachtungen und Erklärungen

① **Der nur gekochte Reis ist klebriger als der angebratene und gekochte Reis.**
Beim Kochen verkleistert die Reisstärke bei 58–75 °C (s. *Soße binden: Mehl und Stärke*) und tritt teilweise aus dem Reiskorn aus, so dass die angrenzenden Reiskörner verklebt werden.

Durch Abschrecken (s. *Nudeln*) kann die verkleisterte Stärke außerhalb der Reiskörner entfernt werden, wodurch der Reis lockerer wird.

Die Zubereitungsart, bei der der Reis in viel Wasser gekocht wird, nennt man Riz creole. Wird der Reis zuerst angebraten und dann gekocht, heißt die Zubereitungsart Risotto.

Beim kurzen Anbraten (Anschwitzen) dringt Fett (Lipide) in die Randschichten des Reiskorns ein und bildet eine Barriere für austretende Stärke. Da keine/kaum Stärke austritt, verkleben die Reiskörner, verglichen mit dem Riz creole, bedeutend weniger.

② **Der klebrigste Reis ist der Rundkornreis, gefolgt vom Mittelkornreis. Der Langkornreis klebt fast nicht und ist sehr körnig.**
Stärke besteht aus Amylose und Amylopektin. Für die Verkleisterung ist das Amylopektin verantwortlich, d.h. je mehr Amylopektin in der Stärke enthalten ist, desto mehr klebt der Reis.

Die Reisstärke des Rundkornreises (Milch-, Kleb-, Wachsreis) enthält ca. 94 %, die des Mittelkornreises (Risotto) ca. 84 % und die Stärke des Langkornreises (Patna-Reis) ca. 75 % Amylopektin.

Rösti

Schweizer Kartoffelrösti, der Klassiker zu Zürcher Geschnetzeltem, bietet für seine einfache Zubereitung ein überwältigendes Geschmacksergebnis.

Versuche

Für die Versuche brauchen Sie Rösti-Teig.
Dazu gart man pro Portion ca. 250 g Kartoffeln einer fest kochenden Sorte mit der Schale in wenig Wasser ca. 15 Minuten. Dann schreckt man die Kartoffeln mit kaltem Wasser ab (s. *Nudeln*), schält sie und lässt sie abkühlen. Danach werden die Kartoffeln grob gerieben (Rohkostreibe oder Küchenmaschine) und mit fein gehackter Petersilie, Salz und Pfeffer gewürzt.

① Geben Sie einige Löffel der Kartoffelmischung in eine Pfanne mit heißem Öl. Drücken Sie den Teig mit dem Pfannenwender zu einem fingerdicken Kuchen und braten Sie ihn zugedeckt ca. 5 Minuten bei mittlerer Hitze. Wenden Sie danach den Rösti und braten Sie ihn in ca. 5 Minuten ohne Deckel fertig.
Beurteilen Sie die Knusprigkeit beider Seiten!
Wie ist der Kochzustand im Innern des Rösti?

② Braten Sie einen weiteren Rösti ganz ohne Deckel genau so lange wie in Versuch ①!
Beurteilen Sie die Knusprigkeit beider Seiten!
Wie ist der Kochzustand im Innern des Rösti?

③ Braten Sie einen Rösti und verschließen Sie die Pfanne die gesamte Bratzeit über mit einem Deckel (aus Glas)!
Beurteilen Sie die Knusprigkeit beider Seiten!
Wie ist der Kochzustand im Innern des Rösti?

Beobachtungen und Erklärungen

① **Beide Seiten sind knusprig. Im Innern ist der Rösti gar.**

Nach dem Einfüllen des Teiges entsteht auf der Unterseite durch die Maillard-Reaktion (Reaktion von reduzierenden Zuckern und Aminosäuren zu braunen, aromareichen Substanzen) die braune Kruste.

Unter dem Deckel sammelt sich heißer Wasserdampf, der auch die Oberfläche des Rösti gart.

Somit verkürzt sich nach dem Wenden die Garzeit, da die ungebräunte Seite schon teilweise gar ist. Auf der ungebräunten Seite bildet sich dann ebenfalls eine braune Kruste.

② **Beide Seiten sind knusprig. Bei gleicher Bratzeit wie in Versuch ① ist das Innere aber nicht vollkommen gar.**

Da hier ohne Deckel gebraten wird, entweicht der heiße Wasserdampf nach oben, ohne die Oberfläche des Rösti wie in Versuch ① zu garen. Deshalb ist das Innere dieses Rösti bei gleicher Bratzeit wie in Versuch ① noch nicht gar. Er müsste länger braten.

Beide Seiten sind knusprig, weil beide der großen Hitze am Pfannenboden ausgesetzt waren.

③ **Die Seite, die nach dem Wenden des Rösti nach oben zeigte, ist weich, die andere Seite ist knusprig. Das Innere ist gar.**

Nach dem Wenden bewirkt der Deckel, der den Wasserdampf zurückhält, dass die Kruste der gebräunten Seite wieder aufweicht. Bei der Entstehung der Kruste herrscht eine so große Hitze, dass das Wasser verdampft und die Kruste deshalb austrocknet und knusprig wird. Nach dem Wenden nimmt die Kruste das Wasser wieder auf, weil der Deckel das Entweichen des Wasserdampfs verhindert. Deshalb wird die Kruste auf dieser Seite wieder weich.

Rotkraut

Rotkraut, Blaukraut oder Rotkohl sind verschiedene Namen für dasselbe Kohlgemüse, das gekocht als Beilage oder frisch als Salat verzehrt wird.

Rotkraut unterscheidet sich von Weißkraut optisch durch den Farbstoffgehalt, aber auch durch den niedrigeren Gehalt an Vitamin C (9x weniger als Weißkraut) und Mineralstoffen.

Versuche

① Schneiden Sie 1 Blatt Rotkraut in kleine Stücke und kochen Sie diese in 500 ml Wasser ca. 5 Minuten lang.
Welche Farbe nimmt das Kochwasser an?

② Füllen Sie 100 ml der Kochflüssigkeit in ein Glas. Geben Sie einen TL Zitronensaft dazu.
Wie verändert sich die Farbe des Kochwassers?

③ Füllen Sie 100 ml der Kochflüssigkeit in ein anderes Glas. Rühren Sie einen TL Speise-Natron ein.
Wie verändert sich die Farbe des Kochwassers?

Beobachtungen und Erklärungen

① **Das Wasser nimmt eine blaue bis violette Farbe an.**

Der Rotkohl enthält die Farbstoffgruppe Anthocyane. Die Farbe dieser Stoffe ist pH-Wert-abhängig. Somit verhalten sich diese Farbstoffe wie Indikatoren. Indikatoren sind schwache organische Säuren, die bei Abgabe ihrer H^+-Ionen die Konstitution (Anordnung der Atome im Molekül) und dabei die Farbe ändern.

Im neutralen Wasser haben die Anthocyane die blaue bis violette Farbe. Deshalb heißt Rotkohl auch Blaukraut.

② **Das Wasser verfärbt sich rot bis rosa.**

Diese Farbe führte zu dem Namen Rotkraut, da in der Küche oft Zitronensaft ans Rotkraut gegeben wird.

Der Zitronensaft enthält Säuren, die den pH-Wert des Kochwassers senken. Dabei ändert sich die Konstitution der Anthocyane und die Farbe wird rosa bis rot.

③ **Das Wasser färbt sich blaugrün bis türkis. Das Wasser schäumt.**

Natron (Natriumhydrogencarbonat) erhöht den pH-Wert, macht das Kochwasser also basisch (alkalisch), weil es dem Wasser die H^+-Ionen entzieht und OH^--Ionen übrig läßt, welche die pH-Erhöhung bewirken.

Dabei bildet es Kohlensäure, die in Wasser und Kohlendioxid-Gas zerfällt. Dieses Gas verursacht das Schäumen.

Im Alkalischen verändert sich die Konstitution nochmals, so dass eine gelbe bis grüne Farbe erzeugt wird. Da Natron den pH-Wert nur schwach anhebt, mischen sich die gelben bis grünen Formen mit den neutralen, blauen Formen der Anthocyane und bilden die blaugrüne bis türkisene Farbe.

$$\underset{\text{Natron}}{NaHCO_3} + H^+ \rightarrow Na^+ + \underset{\text{Kohlensäure}}{H_2CO_3}$$

$$\underset{\text{Kohlensäure}}{H_2CO_3} \rightarrow \underset{\text{Wasser}}{H_2O} + \underset{\text{Kohlendioxid-Gas}}{CO_2\uparrow}$$

Sahne

Sahne oder Rahm erfüllt in der Küche mehrere Funktionen. Sahne-Eigelb-Mischung wird zum Abbinden einer Sauce benutzt (Liaison), Schlagsahne wird zu Kaffee und Kuchen gegessen oder zum Verzieren einer Torte eingesetzt, u. a. m.

Sahne ist ein Milchprodukt, das mindestens 10% Fett enthält. Schlagsahne enthält mindestens 30% Fett.

Zur Herstellung von Sahne wird die Milch zuerst entrahmt, d.h. das Milchfett wird abgetrennt. Durch Rückmischung können dann verschiedene Fettgehalte in den Milchprodukten eingestellt werden (fettarme Milch: „1,5%"; Vollmilch: „3,5%"; Milch mit natürlichem Fettgehalt: „3,8%" bis „mindestens 4%"; Kaffeesahne: „10%", Schlagsahne: „30%").

Versuche

① Geben Sie 1/4 l gut gekühlte Schlagsahne in ein hohes Gefäß, das im Hochsommer vorher mit den Rührbesen im Gefrierfach gekühlt wurde. Schlagen Sie die Sahne mit einem elektrischen Handrührgerät.
Schlagen Sie noch einige Minuten weiter, wenn die Sahne schon steif ist. Dabei spielt es keine Rolle, ob Sie erst mit der kleinen Stufe anschlagen und dann die höchste Stufe einschalten, oder ob Sie gleich mit der höchsten Stufe beginnen. Es ist auch egal, ob das Handrührgerät mit oder gegen den Uhrzeigersinn im Schlaggefäß bewegt wird.
Was beobachten Sie im Verlauf des Schlagens?

② Geben Sie 1/4 l Sahne, die im Hochsommer bei Raumtemperatur, im Winter auf der Heizung gelagert wurde, in ein hohes, nicht gekühltes Gefäß. Schlagen Sie die Sahne mit einem elektrischen Handrührgerät.
Vergleichen Sie Ihre Beobachtungen mit Versuch ①!

Beobachtungen und Erklärungen

① **Die Sahne wird nach einigen Minuten immer cremiger und schließlich steif. Beim weiteren Schlagen bildet sich eine butterähnliche Masse.**

Beim Schlagen der Sahne wird Luft eingerührt. An die Luftblasen adsorbieren Proteine aus der Sahne, daran lagern sich Fettteilchen an. Auf diese Weise entsteht ein Lamellensystem.

Das Fett besteht aus Fettkügelchen, die aus einer hydrophilen (wasserliebenden) Außenmembran mit Wasser und Proteinen, der Grenzschicht mit oberflächenaktiven Stoffen, der Schicht aus kristallinem, festem Butterfett und dem Kern aus flüssigem Butteröl aufgebaut sind.

Durch das Schlagen werden die Membranen der Fettkügelchen zerstört und das Fett lagert sich in den Lamellen zu größeren Verbänden zusammen (aggregiert), wobei die Fettteilchen Brücken bilden zwischen den einzelnen Luftblasen. Die kristallinen, festen Fette verfestigen die Schaumlamellen (Gelierung) und die Sahne ist zur stabilen, luftigen Schlagsahne geworden.

Beim weiteren Schlagen werden die Fettkügelchen so stark zerstört, dass die Schicht aus kristallinem Butterfett aufreißt und Butteröl aus dem Kern ausläuft. Das Butteröl fließt zusammen, schließt Wasser ein und bildet Butterkörner bis 2 mm ∅. Die Butterkörner bilden die butterähnliche Masse.

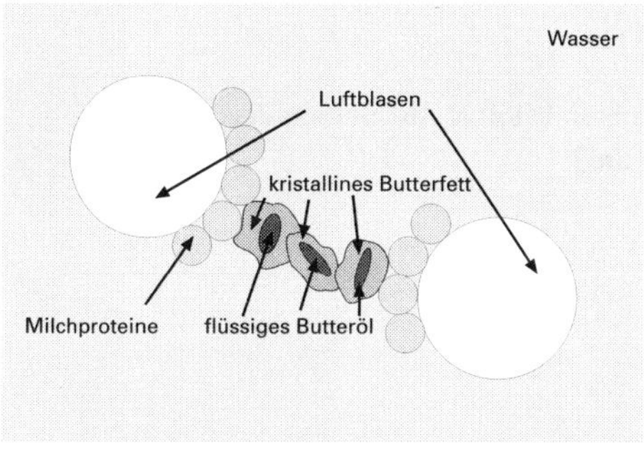

② **Die Sahne wird nicht steif. Stattdessen bildet sich an der Oberfläche eine zähe, butterähnliche Masse, die auf der restlichen Flüssigkeit schwimmt. Die Sahne ist geronnen.**

Wegen der hohen Temperatur gibt es keine oder kaum kristalline, also feste Fette. Sie sind geschmolzen und zu Butteröl geworden. Da aber nur feste, kristalline Fette die Schaumlamellen der Schlagsahne verfestigen können, werden die Lamellen gar nicht fest. Das Schlagen bewirkt nur die Zerstörung der Fettkügelchen, so dass die Butterfette auslaufen und Butterkörner bilden. Diese Butterkörner schwimmen auf der restlichen Flüssigkeit, der Buttermilch. Sahne darf also nie warm geschlagen werden!

Die industrielle Butterung von Milch wird auch durch Schlagen erzielt. Die gepressten Butterkörner werden als Butter verkauft.

Salat

Salate enthalten viele Ballaststoffe und Vitamine, sind dabei aber sehr kalorienarm. Deshalb erfreuen sie sich gerade im Sommer großer Beliebtheit, um den kleinen Hunger zu stillen und sind auch sonst unverzichtbar als die „gesunde" Komponente eines zu fetten Menüs.

Der Geschmack eines Salates wird durch die Salatsauce unterstrichen oder erst gegeben. Der Salat wird erst kurz vor dem Servieren angemacht, also mit der Salatsauce vermengt.

Versuche

① Zerdrücken Sie eine Stelle eines Kopfsalatblattes zwischen Daumen und Zeigefinger.
Beurteilen Sie die Farbveränderung an der zerdrückten Stelle.

② Lassen Sie angemachten Kopfsalat ca. 10 Minuten stehen.
Vergleichen Sie die Farbe der Salatblätter mit frischen Salatblättern und mit Versuch ①!

③ Mischen Sie Kopfsalatblätter mit Salatsauce.
Was beobachten Sie?

Beobachtungen und Erklärungen

① **An der zerdrückten Stelle verfärbt sich das Blatt olivgrün bis olivbraun.**
Die grüne Farbe des intakten Salatblattes stammt von den Farbstoffen Chlorophyll a und b. Diese Farbstoffe sind komplex aufgebaut und enthalten ein Magnesiumion Mg^{2+}. Dieses Ion kann abgespalten werden, wobei die olivbraunen Farbstoffe Phäophytin a und b entstehen.

Durch das Enzym Chlorophyllase, das beim Zerdrücken in Kontakt mit den Farbstoffen kommt, werden Chlorophylle in Chlorophyllide und Phäophytine in Phäophorbide abgebaut. Die Phäophorbide sind olivgrün gefärbt.

② **Die Salatblätter sind olivgrün bis olivbraun verfärbt wie in Versuch ①.**
Beim Waschen, Schneiden und beim Mischen der Salatblätter mit der Sauce können die Zellen verletzt werden, wodurch das Enzym Chlorophyllase mit Chlorophyllen und Phäophytinen zu Chlorophylliden und den olivgrünen Phäophorbiden reagieren kann.

Der Übergang der Chlorophylle in die olivbraunen Phäophytine erfolgt in schwach saurer Umgebung leichter. Die Salatsauce enthält Essig, und Essig enthält schwach saure Essigsäure.

③ **Die Salatblätter werden weich und fallen zusammen.**
Der Essig stellt mit dem Salz eine wässrige, konzentrierte Lösung innerhalb der Salatsauce dar. Im Innern der Zellen der Salatblätter liegt eine viel schwächer konzentrierte Lösung vor.

Beide Lösungen sind durch eine Zellmembran (Plasmalemma) getrennt, die Wassermoleküle durchlässt, größere Moleküle, z. B. Zucker aber nicht. Diese Membran ist also halbdurchlässig oder semipemeabel.

Um die unterschiedlichen Salzkonzentrationen auszugleichen, wandern (diffundieren) Wassermoleküle aus der schwächer konzentrierten Lösung durch die Membran und verdünnen so die konzentriertere Lösung bzw. konzentrieren die schwächer konzentrierte Lösung, bis die Konzentrationen ausgeglichen sind.

Diesen Vorgang nennt man Osmose. Wasser diffundiert aus den Zellen der Salatblätter in die Salatsauce, die Blätter verlieren dadurch ihre Stabilität und fallen zusammen.

Salz

Salz ist wohl das am häufigsten benutzte Gewürz in der Küche. Das Salz ist nicht nur – wie das Sprichwort besagt – in der Suppe wichtig, sondern bringt bei fast allen Gerichten erst den Eigengeschmack von Fleisch oder Gemüse hervor. Ohne Salz schmeckt das Essen fade, versalzene Nahrung ist dagegen ungenießbar.

Weiterhin werden viele Nahrungsmittel in Salzwasser gekocht. Meistens wird Salz aus dem Salzstreuer entnommen, der Gourmet verwendet grobkörniges Meersalz frisch aus der Mühle.

Versuche

① Füllen Sie in einen Salzstreuer nur Salz, in einen anderen Salz und einige Reiskörner. Lassen Sie beide Salzstreuer eine Woche stehen.
Vergleichen Sie Rieselfähigkeit und Konsistenz des Salzes in beiden Salzstreuern!

② Streuen Sie 1 TL Salz in eine kleine Pfanne mit ca. 100 ml sprudelnd kochendem Wasser.
Was beobachten Sie an der Stelle, an der das Salz auf den Pfannenboden auftrifft?
Messen Sie die Temperatur des siedenden Salzwassers mit einem Einmachthermometer!

③ Streuen Sie etwas Salz auf einen kühl gehaltenen Eiswürfel (am besten in der Form lassen)!
Was beobachten Sie?

④ Streuen Sie in eine leicht versalzene Speise etwas Zucker.
Wie verändert sich der Geschmack der Speise?

Beobachtungen und Erklärungen

① **Das Salz im Salzstreuer ohne Reis ist verklumpt, feucht und kaum rieselfähig. Das Salz im Salzstreuer mit Reis ist trocken und rieselt gut.**

Kochsalz (Natriumchlorid NaCl) ist hygroskopisch, also wasserziehend. Es entzieht der Luft die Feuchtigkeit und verklumpt.

Falls Reiskörner vorhanden sind, nutzen diese die Feuchtigkeit zur Quellung und verhindern so ein Verklumpen des Salzes. Nur trockenes Kochsalz rieselt gut.

② **An der Stelle, an der das Salz auftrifft, bilden sich für kurze Zeit keine Wasserdampfblasen mehr.**

Nachdem sich das Salz verteilt hat, liegt die Siedetemperatur der Salzlösung über 100°C.Das Kochsalz bewirkt eine Siedepunktserhöhung des Wassers, weswegen das Salzwasser erst über 100°C siedet.

Ohne das Kochsalz hat das Wasser eine Siedetemperatur von 100°C. An der Stelle, an der das Salz auftrifft, muss das Wasser also erst heißer als 100°C werden, an den salzfreien Stellen reichen 100°C zur Wasserdampfblasenbildung. Bis die erhöhte Siedetemperatur erreicht ist, bilden sich keine Blasen mehr.

Viele Nahrungsmittel werden in Salzwasser gekocht, weil sie darin stärker erhitzt werden können und so schneller garen.

③ **Der Eiswürfel schmilzt zuerst an der gesalzenen Stelle.**

Das Salz bewirkt eine Gefrierpunktserniedrigung des Wassers, so dass das Eis an der gesalzenen Stelle bei einer Temperatur unter 0°C schmilzt (reines, festes Wasser bei genau 0°C).

Genauso wirkt Streusalz auf verschneiten und vereisten Straßen. Ungereinigtes, manchmal gefärbtes Kochsalz wird verstreut und senkt den Gefrierpunkt des Wassers unter die vorherrschende Temperatur. Als Folge schmelzen Eis und Schnee auch bei Minustemperaturen.

④ **Die Speise schmeckt nicht mehr versalzen.**

Der Zucker hebt den salzigen Geschmackseindruck teilweise auf.Durch Kombination und Konzentrationsänderungen von Stoffen der verschiedenen Geschmacksqualitäten (süß, sauer, bitter, salzig) lassen sich verschiedene Geschmäcker und Empfindungsstärken erzeugen. Also kann auch der salzige Geschmack z.B. durch Zuckerzugabe verändert werden.

Schärfe

Viele Gerichte werden durch die Zugabe von Pfeffer (*Piper nigrum*), Rosenpaprika (*Capsicum annuum*) oder Chillies (Cayenne-Pfeffer/Peperoni, *Capsicum frutescens*) scharf gewürzt, was teilweise zu qualvollem Leiden führen kann, dem die Betroffenen meist hilflos ausgesetzt sind.[Schärfe von Meerrettich und Senf, siehe dort]

Versuche

① Streuen Sie wenig Pfeffer auf Ihre Zunge und vergleichen Sie Ihren Schärfeeindruck mit wenig Rosenpaprika und wenig Chilliepulver!
Zwischen den Tests den Mundraum mit Wein spülen!

② Essen Sie nach Versuch ① etwas Schokolade oder ein Stückchen Butter oder trinken Sie ein alkoholisches Getränk!
Wie verändert sich die Schärfeempfindung?

③ Trinken Sie nach einem scharfen Essen ein heißes Getränk (Tee, Kaffee) oder kohlensäurehaltiges Mineralwasser!
Wie verändert sich nun die Schärfeempfindung?

Beobachtungen und Erklärungen

① **Pfeffer bewirkt einen anderen Schärfeeindruck als Rosenpaprika oder Chillies.**
Die Schärfe entsteht bei Rosenpaprika und Chillies (die beide zur Gattung *Capsicum* gehören) durch Capsaicin, beim Pfeffer durch Piperin.

Beide Stoffe bewirken unterschiedliche Sinneseindrücke, allerdings nur, wenn die Versuchsperson die getestete Schärfe ohne größere Probleme aushält, sonst lässt der massive Schärfeeindruck eine vergleichende Beurteilung nicht mehr zu.

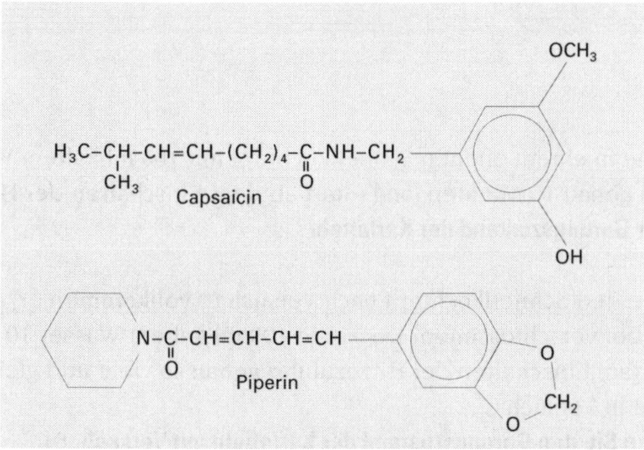

② **Nach der Einnahme von fetthaltigen Nahrungsmitteln (Butter, Schokolade, ...) oder alkoholischen Getränken (Wein bei Versuch ①, ...) ist die Schärfeempfindung sofort stark vermindert und hört nach kurzer Zeit auf.**
Da Capsaicin und Piperin lipophile (fettliebende) Kohlenwasserstoffe sind, lassen sie sich mit organischen Lösungsmitteln (Fett, Alkohol, ...) aus dem Mundbereich entfernen, wodurch die Schärfewirkung aufgehoben wird.

③ **Durch die Einwirkung der Kohlensäure und mehr noch durch die Hitze wird die Schärfeempfindung ins Unerträgliche gesteigert.**
Die Empfindung der Schärfe ist eine Kontaktchemorezeption, d.h. Piperin- oder Capsaicinmoleküle müssen zum Rezeptor der reizaufnehmenden Sinneszelle diffundieren, um den Schärfeeindruck hervorzurufen.

In warmer Umgebung (heißes Getränk) bewegen sich die Moleküle schneller und so erreichen pro Zeiteinheit mehr Moleküle den Rezeptor, wodurch der Schärfeeindruck verstärkt wird. Auch das Sprudeln des Mineralwassers verbessert die Verteilung der Wirkstoffe im Mundraum, jedoch nicht so stark wie die Wärme. Kälte dagegen verlangsamt die Moleküle und lindert den Schärfeeindruck.

Es nützt also nichts, literweise Wasser zu trinken, um die Schärfe aus dem Mund zu spülen! Besser wirken kalte Schokolade, Butter, Joghurt oder ein kaltes alkoholisches Getränk.

Schnellkochtopf

In einer modernen Küche darf ein Schnellkochtopf nicht fehlen. Er verkürzt die Garzeiten und leistet so einen wichtigen Beitrag zur Vitaminerhaltung und damit zur gesunden Ernährung.

Mittlerweile sind Schnellkochtöpfe oder Überdrucktöpfe so sicher, dass keine Unfälle mehr passieren können wie zu Anfangszeiten.

Versuche

① Kochen Sie in einem offenen Schnellkochtopf mit 100 ml kaltem Wasser einige Kartoffeln genau 10 Minuten lang (Start ab dem Einschalten der Hitzezufuhr).
Wie ist der Garungszustand der Kartoffeln?

② Lassen Sie den Schnellkochtopf nach Versuch ① vollkommen erkalten. Kochen Sie dann bei verschlossenem Deckel in 100 ml kaltem Wasser 10 Minuten lang (Start ab dem Einschalten der Hitzezufuhr) genau so viele und gleich große Kartoffeln wie in Versuch ①.
Vergleichen Sie den Garungszustand der Kartoffeln mit Versuch ①!

Beobachtungen und Erklärungen

① **Die Kartoffeln sind innen noch roh.**

Beim Kochen verkleistert die Kartoffelstärke (s. *Soße binden: Mehl und Stärke*), wodurch die Kartoffel erweicht.

Dieser Prozess beginnt bei einer Temperatur von 58–66 °C. Das siedende Wasser ist im offenen Topf 100 °C heiß. Bei dieser Temperatur würde der gesamte Kochprozess ca. 20 Minuten dauern.

② **Die Kartoffeln sind gar.**

Im dicht verschlossenen Schnellkochtopf kann der Wasserdampf nicht entweichen und sammelt sich an. Diese Ansammlung übt Druck aus.

Unter Normaldruck muss man eine Temperatur von 100 °C aufbringen, um die Wassermoleküle aus dem Molekülverband in der Flüssigkeit in den gasförmigen Zustand zu überführen, in dem sie als einzelne Moleküle „umherschwirren".

Der sich ansammelnde Wasserdampf behindert dieses Herauslösen der Wassermoleküle aus dem flüssigen in den gasförmigen Zustand, weil er gegen die sich herauslösenden Moleküle „drückt".

Dadurch wird der Siedepunkt des Wassers erhöht, weil zum Sieden (Herauslösen) unter Druck mehr Energie zugefügt werden muss. Das flüssige Wasser wird also heißer als 100 °C und die Kartoffeln kochen schneller.

Bei verkürzter Kochzeit werden die Vitamine geschont und in geringerem Umfang zerstört.

Schorle

Schorle, also Fruchtsaft oder Wein mit kohlensäurehaltigem Mineralwasser (Sprudel), ist ein beliebtes Erfrischungsgetränk.

Beim Mixen wird man bei Fruchtsaftschorlen allerdings häufig von heftiger Schaumbildung überrascht, die das Glas zum Überlaufen bringt.

Versuche

① Gießen Sie erst Mineralwasser, dann Apfel- oder Orangensaft in ein Glas.
Beurteilen Sie die Schaumbildung!

② Gießen Sie erst Apfel- oder Orangensaft, dann kohlensäurehaltiges Mineralwasser in ein Glas.
Vergleichen Sie die Schaumbildung mit den anderen Versuchen!

③ Gießen Sie erst Apfelfruchtsaftgetränk, dem Zitronensäure oder -saft zugesetzt ist, in ein Glas und fügen Sie dann kohlensäurehaltiges Mineralwasser zu.
Vergleichen Sie die Schaumbildung mit den anderen Versuchen!

Beobachtungen und Erklärungen

① **Es bildet sich wenig Schaum.**

Die Kohlensäure H_2CO_3 kann dissoziieren zu H^+-Ionen (Protonen) und HCO_3^--Ionen (Hydrogencarbonat) oder zerfallen in H_2O (Wasser) und CO_2 (Kohlendioxid-Gas).

Zwischen diesen drei Zuständen besteht ein chemisches Gleichgewicht, das nach dem Prinzip von Le Chatelier (Prinzip des kleinsten Zwanges) verändert werden kann: Wird auf ein System im Gleichgewicht durch Konzentrations-, Temperatur-, oder Druckänderungen ein Zwang ausgeübt, ändert sich das Gleichgewicht so, dass es dem Zwang nachgibt.

Z. B. gibt man dem „Zwang" eines hohen Kontostandes durch vermehrte Ausgaben (gerne) nach. Schulden dagegen bewirken niedrigere Ausgaben.

Bei der Schorle wird die H^+-Ionenkonzentration durch die Fruchtsaftsäuren leicht erhöht und das Kohlensäuregleichgewicht verschiebt sich in Richtung Kohlensäurezerfall.

$$H^+ + \underset{\text{Hydrogencarbonat}}{HCO_3^-} \leftrightarrows \underset{\text{Kohlensäure}}{H_2CO_3} \leftrightarrows \underset{\text{Wasser}}{H_2O} + \underset{\text{Kohlendioxid-Gas}}{CO_2\uparrow}$$

Somit wird mehr Kohlendioxid-Gas gebildet, das den Schaum verursacht.

② **Es schäumt stark.**

Zu Beginn der Mineralwasserzugabe ist viel Saft im Glas und nur wenig Mineralwasser, so dass die H^+-Ionenkonzentration der Fruchtsaftsäuren viel höher ist als die Kohlensäurekonzentration in der Schorle (in Versuch ① umgekehrt).

Das Gleichgewicht wird also stärker zum Kohlensäurezerfall verschoben als in Versuch ①, weil relativ mehr H^+-Ionen das Gleichgewicht stärker verschieben.

③ **Es schäumt am stärksten.**

Die zugefügte Zitronensäure erhöht die H^+-Ionenkonzentration noch stärker als in den anderen Versuchen, so dass die Gleichgewichtsverschiebung auch am stärksten ist und das meiste Kohlendioxid-Gas entsteht.

Senf und Meerrettich

Senf (*Gattungen Sinapis, Brassica* und *Eruca*) wird in der Küche vielfältig verwendet. Die unzerkleinerten Samen (Senfkörner) werden z. B. zum Würzen von Fischmarinaden oder zum Einlegen von Gurken benutzt.

Speisesenf (Mostrich, Tafelsenf) besteht aus gemahlenen Senfkörnern, die mit Wasser, Essig, Zucker und Gewürzen vermischt werden. Die verschiedenen Senfsorten bestehen aus unterschiedlichen Anteilen von weißem (*Sinapis alba*) und schwarzem (*Brassica nigra*) Senf und verschiedenen Gewürzen.

Meerrettich (Kren, *Armoracia rusticana*) passt frisch gerieben zu Rindfleisch.

Versuche

① Zerdrücken Sie mit der Rückseite eines Löffels jeweils ca. einen Teelöffel weiße und schwarze Senfkörner getrennt auf einem Brett. Verrühren Sie die beiden Häufchen getrennt mit je 1/2 Teelöffel Wasser.
Riechen Sie dann an beiden Pasten!
Welchen Unterschied stellen Sie fest?

② Riechen Sie vorsichtig an etwas frisch geriebenem Meerrettich!
Vergleichen Sie den Geruch mit Versuch ①!

③ Beurteilen Sie nun den Geschmack der beiden Senfpasten und des Meerrettichs, indem Sie wenig Substanz auf der Zunge zergehen lassen und zwischen den einzelnen Tests den Mund ausspülen!
Welchen Unterschied stellen Sie fest?

Beobachtungen und Erklärungen

① **Schwarzer Senf bildet einen stechenden Geruch in der Nase, den weißer Senf nicht aufweist.**

Das im schwarzen Senf aus Sinigrin durch das Enzym Myrosin (und anschließende Lossen-Umlagerung) entstehende Allylsenföl ist flüchtig und reizt die Schleimhäute. Vom Allylsenföl stammt der stechend scharfe Geruch des schwarzen Senfs.

② **Meerrettich riecht so stechend wie die schwarze Senfpaste.**

Im Meerrettich liegt auch Sinigrin vor, es bildet sich also auch hier durch Einwirkung des Myrosins das Allylsenföl, das den stechenden Geruch hervorruft. (Sinigrin und Myrosin sind auch in Radieschen enthalten.)

③ **Meerrettich und schwarzer Senf schmecken stechend scharf, der weiße Senf schmeckt scharf, ohne zu stechen.**

Für den stechend scharfen Geschmack (eigentlich ist es der stechende Geruch, den wir wahrnehmen) ist beim Meerrettich und beim schwarzen Senf das Allylsenföl verantwortlich.

Im weißen Senf entsteht aus Sinalbin ebenfalls durch das Enzym Myrosin das Sinalbinsenföl, das nicht flüchtig ist und deshalb auch keinen stechenden Geruch hervorruft, aber scharf schmeckt.

Ein scharfer Speisesenf enthält mehr schwarzen Senf als ein mittelscharfer.

$CH_2 = CH - CH_2 - N = C = S$

Allylsenföl

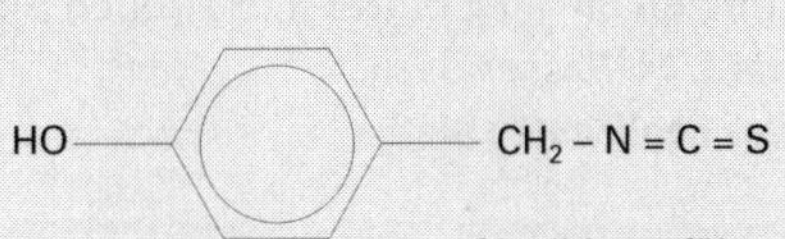

Sinalbinsenföl

Soße binden: Mehlschwitze

Mehlschwitze ist beliebt zum Binden einer Soße, allerdings haben viele Köche ein Problem damit, die Soße ohne Klümpchen zu verdicken.

Versuche

① Stellen Sie eine helle Mehlschwitze (weiße Roux) her, indem Sie 40 g Butter erhitzen und 40 g Weizenmehl darüber streuen. Füllen Sie mit 1/4 l Wasser oder Brühe unter ständigem Rühren langsam auf. Kochen Sie die Soße eine Minute lang.
Beurteilen Sie die Farbe, Bindung und Geschmack der Soße!

② Stellen Sie eine dunkle Mehlschwitze (braune Roux) her, indem Sie 40 g Butter erhitzen und 40 g Weizenmehl darüber streuen. Rösten Sie das Mehl bei schwacher bis mittlerer Hitze so lange, bis es braun ist. Füllen Sie mit 1/4 l Wasser oder Brühe unter ständigem Rühren langsam auf. Kochen Sie die Soße eine Minute lang.
Vergleichen Sie Farbe, Bindung und Geschmack der Soße mit Versuch ①!

③ Erhitzen Sie 40 g Butter und streuen Sie 40 g Mehl darüber. Gießen Sie auf einmal 1/4 l Wasser dazu.
Was beobachten Sie?

Beobachtungen und Erklärungen

① **Es entsteht ein heller, dicker Brei, der relativ fade schmeckt.**
Beim Kochen verkleistert die im Mehl enthaltene Stärke (s. *Soße binden: Mehl und Stärke*) und bildet so den dicken Brei.

Das Fett hat im Unterschied zur Bindung mit angerührtem Mehl (s. *Soße binden: Mehl und Stärke*) den Effekt, dass das Dünnflüssigwerden einer Soße bei längerer Kochdauer (durch Zerstörung der H-Brücken zwischen den Amylopektinmolekülen) vermindert ist, weil Maximum und Minimum der Viskosität (Zähflüssigkeit) in einen engeren Temperaturbereich zusammenrücken, da das Maximum erniedrigt wird.

Wurde eine Soße also mit angerührtem Mehl zu stark abgebunden, so kann die Soße evtl. dünner werden, wenn man sie noch einige Minuten kocht.

② **Die braune, weniger dicke Soße hat einen Röstgeschmack.**
Durch die große Hitze im heißen Fett entwickeln sich aromatische und braune Röststoffe aus dem Mehl.

Da die Hitze die Stärkekörner schädigt, ist die Wasserbindung der Stärke herabgesetzt. Die braune Mehlschwitze ist deshalb dünnflüssiger als die weiße.

③ **Es bilden sich Klümpchen.**
Das Mehl enthält neben der Stärke auch Klebereiweiß (s. *Soße binden: Mehl und Stärke*), das bei Quellung mit Wasser das Mehl zu einem zähen Teig macht.

Wird bei der Flüssigkeitszugabe nicht ständig gerührt oder wird zu viel Flüssigkeit auf einmal zugegeben, so kommt nur ein Teil des Mehls mit dem Wasser in Kontakt, verklebt und schließt das restliche Mehl ungequollen ein (Klümpchen).

Diese Klümpchen sind auch durch starkes Rühren kaum auflösbar, evtl. durch Zerdrücken an der Topfwand. Um eine glatte, klümpchenfreie Soße zu erhalten, sollte man die Flüssigkeit also langsam und unter ständigem Rühren in das angeschwitzte Mehl gießen.

Soße binden: Mehl und Stärke

Soßen lassen sich auf verschiedene Arten binden (verdicken): mit Stärke, Mehl, kalter Butter, Sahne, Crème fraîche, Eigelb oder durch Einkochen.

Einkochen ist sicherlich die delikateste Methode, da der Geschmack immer konzentrierter wird, je mehr Wasser bereits verdampft ist.

Häufig wird zum Binden einer Soße Mehl, Stärke oder eine Mehlschwitze (*s. Soße binden: Mehlschwitze*) benutzt.

Stärke und Mehl werden vor dem Binden der Soße immer mit etwas kaltem Wasser angerührt (s. Versuch ④).

Versuche

① Rühren Sie 1 TL Stärke und 1 TL Weizenmehl jeweils mit etwas kaltem Wasser an.
Wo bilden sich leichter Klümpchen?
Welche Mischung ist zähflüssiger?

② Rühren Sie 3 TL Weizenmehl mit etwas kaltem Wasser an. Gießen Sie das angerührte Mehl unter Rühren in 1/4 l kochendes Wasser. Kochen Sie die „Soße“ kurz auf.
Beurteilen Sie die Verdickung durch das Mehl!

③ Rühren Sie 3 TL Speisestärke mit etwas kaltem Wasser an. Gießen Sie die angerührte Stärke unter Rühren in 1/4 l kochendes Wasser. Kochen Sie die „Soße“ kurz auf.
Beurteilen Sie die Verdickung durch die Stärke!

④ Rühren Sie 1 TL Stärke in wenig kaltem, einen weiteren TL Stärke in wenig heißem Wasser an.
Welche Stärkemischung verklumpt?

Beobachtungen und Erklärungen

① Das Mehl bildet leichter Klümpchen als die Stärke, das angerührte Mehl ist zähflüssiger.

Weizenmehl besteht zu ca. 80% aus Stärke und zu ca. 20% aus Kleber. Der Kleber besteht größtenteils aus den Proteinen Gliadin und Glutenin, die als Klebereiweiß (Gluten) bezeichnet werden. Der Kleber quillt bei Wasserzugabe und bildet einen zähen Teig, der die Verklumpung bewirkt. Nachdem alle Klümpchen durch Rühren aufgelöst sind, ist ein zähflüssiger Teig entstanden. Stärke ist vom Kleber getrenntes Mehl und bildet deshalb mit kaltem Wasser keinen Teig, weshalb die Mehlmischung zähflüssiger ist.

② Die aufgekochte Soße wird dick.

Beim Aufkochen bildet die Stärke des Mehls den sehr zähen Stärkekleister. Stärke besteht aus Amylose und Amylopektin, zwei Polysacchariden, die in Stärkekörnern fest zusammengelagert sind. Beim Anrühren mit Wasser quillt das Stärkekorn (Vergrößerung des ∅ um 30–40%). Bei Temperaturen von 50–80°C werden die Wasserstoffbrückenbindungen zwischen den Stärkemolekülen zerstört und das Stärkekorn quillt weiter, weil Wasser von den frisch getrennten Stärkemolekülen gebunden wird (20–40g Wasser pro 1 g Stärke). Daraus resultiert die dickflüssige Beschaffenheit des Stärkekleisters.

③ Die aufgekochte Soße ist sehr dick, fast gallertartig.

Da Mehl nur zu ca. 80% aus Stärke besteht, ist die Verdickung in Versuch ② auch deutlich geringer als bei Anwendung von 100% Stärke. Man braucht also weniger Stärke als Mehl, um dieselbe Bindung einer Soße zu erreichen.

④ Die heiß angerührte Stärkemischung verklumpt.

Stärke quillt und verkleistert an der Heißwasserkontaktfläche, innen dringt kein Wasser ein. Die rohe Stärke bildet Klumpen. Kalt angerührt quellen die gesamten Stärkekörner und verkleistern vollständig in heißer Soße.

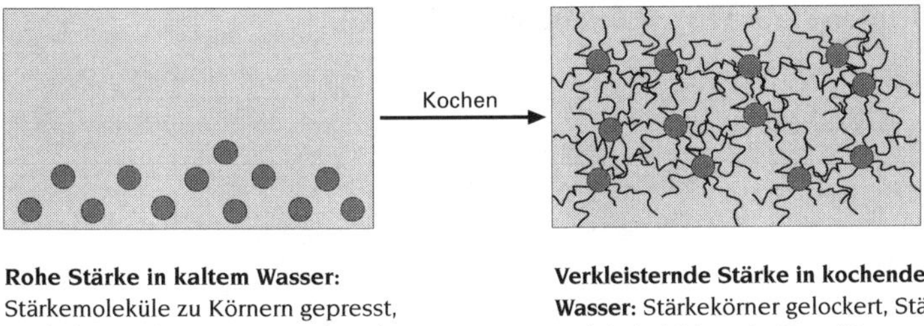

Rohe Stärke in kaltem Wasser: Stärkemoleküle zu Körnern gepresst, Stärkekörner dispergieren und quellen, sinken zu Boden, lösen sich nicht

Verkleisternde Stärke in kochendem Wasser: Stärkekörner gelockert, Stärkemoleküle bilden ein Netz, Wasser durch weitere Quellung der Stärkemoleküle immobilisiert

Soufflé

Soufflés sind „köstlich umhüllte Luft", mit der kaum eine Süßspeise konkurrieren kann. Wenn es gelingt, ist es hoch aufgegangen und hat ein leichtes, schaumiges Inneres, das außen knusprig gebräunt ist. Ein Soufflé wird ofenfrisch serviert.

Versuche

Für die Versuche eignet sich ein relativ einfaches Orangensoufflé.
Dazu 40 g Butter in einem Topf schmelzen, 40 g Mehl einrühren, den Topf vom Herd nehmen und abgeriebene Schale einer Orange, 300 ml frisch gepressten Orangensaft und 50 g Puderzucker dazugeben. Alles unter Rühren dicklich einkochen und abkühlen lassen. 3 Eiklar steif schlagen.

① Den Eischnee unter die abgekühlte Masse ziehen. Den Souffléteig in gefettete, mit Zucker ausgestreute kleine Auflaufförmchen oder, optisch anspruchsvoller, in die Orangenschalen füllen (höchstens 3/4 voll).
Die Formen oder Orangenschalen auf ein Blech stellen und im vorgeheizten Ofen bei 200 °C für 20–25 Minuten backen. Dabei den Ofen nicht öffnen!
Was passiert, wenn Sie das Soufflé aus dem Ofen nehmen?
Vergleichen Sie den Teig vor und nach dem Backen!

② Mischen Sie die drei steifgeschlagenen Eiklar mit der heißen Orangenmasse. Backen Sie das Soufflé!
Vergleichen Sie den rohen Teig und das gebackene Soufflé mit Versuch ①!

③ Backen Sie einen Teil des Teiges aus Versuch ① extra und öffnen Sie mehrmals während des Backens die Ofentür!
Was passiert mit dem Soufflé, wenn Sie die Tür öffnen?
Vergleichen Sie das fertige Soufflé mit Versuch ①!

Beobachtungen und Erklärungen

① **Im Vergleich zum rohen Teig hat sich das Soufflé stark ausgedehnt. Bei der Entnahme aus dem Ofen beginnt das Soufflé zusammenzufallen.**

Ein Soufflé kann sich bis auf das Dreifache seines ursprünglichen Volumens ausdehnen. Die Wärmeausdehnung der Luftbläschen macht 20% der Volumenvergrößerung aus, der Rest stammt von verdampfendem Wasser.

Die Gasblasen werden vom bei ca. 45 °C gerinnenden Eischnee stabilisiert, allerdings nicht fixiert, weil das Soufflé nicht fest wie ein Baiser (s. *Baiser*) ist, sondern aufgrund der höheren Flüssigkeitsmenge, die ein vollständiges Vertrocknen verhindert, eine schaumige Konsistenz hat, die von einem guten Soufflé erwartet wird.

Der Schaum bleibt nicht in der aufgeblähten Struktur verfestigt, sondern wird wegen seiner Flexibilität kleiner mit sinkender Temperatur. Deshalb beginnt das Soufflé bei der Entnahme aus dem Ofen zusammenzufallen.Beim Schneiden entweicht Wasserdampf, das Soufflé fällt weiter zusammen.

② **Der rohe Teig ist nicht so luftig wie in Versuch ① und das gebackene Soufflé ist weniger aufgegangen.**

Der Eischnee „platzt", wenn er plötzlich in zu heiße Umgebung gerät, weil sich die Luftbläschen schlagartig ausdehnen, verschmelzen und entweichen. Zurück bleibt das denaturierte Protein.

Ohne die Luftbläschen nimmt das Soufflé weniger an Volumen zu. In Versuch ① wurden die Luftbläschen durch die zähe Orangenmasse noch besser festgehalten und die Ausdehnung geschah erst langsam im Ofen innerhalb der zähen Masse, nicht nur innerhalb des Eischnees. So werden die Gasbläschen besser gehalten.

③ **Wird der Backofen während der Backzeit geöffnet, fällt das Soufflé zusammen. Nach dem Backen ist es wesentlich kleiner als in Versuch ①.**

Beim Türöffnen dringt kalte Luft ein und kühlt das Soufflé ab. Es sinkt ein. Da es schon teilweise Strukturen gefestigt hat, kann es sich auch bei weiterer Erwärmung nicht so ausdehnen wie ohne Öffnen der Tür.

Tee

Tee ist der wässrige Aufguss von verschieden behandelten Blättern der Teepflanze *Camilla sinensis* und verwandter Arten.

Der immergrüne Strauch benötigt tropisches oder subtropisches Klima, das er in Savannen und im tropischen Regenwald findet. Heute wird Tee hauptsächlich in Indien, Sri Lanka, China, Java/Sumatra, Japan und Kenia angebaut.

Nur die zwei jüngsten Blätter und der Trieb werden geerntet.
Für schwarzen Tee welken die Blätter nach dem Plücken für 12–22 Stunden. Dann werden mehrere Blätter zu einer Kugel geformt und 30–60 Minuten gerollt. Für 2–5 Stunden fermentieren (gären) die Blätter danach, d.h. es finden enzymatische Reaktionen in ihnen statt.

Als nächster Schritt folgt die Trocknung der Teeblätter für 20–25 Minuten. Zuletzt werden die Blätter nach Blattgrößen sortiert.

Für grünen Tee werden die gepfückten Blätter schnell erhitzt, so dass die Enzyme im Blatt zerstört werden. Somit entfällt die Fermentation (Gärung).

Mate-Tee wird aus den Blättern der Pflanze *Ilex paraguayensis* ähnlich wie schwarzer Tee hergestellt.

Versuche

① Trinken Sie eine Tasse schwarzen Tee, den Sie 2 Minuten ziehen ließen!
Beurteilen Sie die Wirkung auf Ihren Organismus!
Was beobachten Sie auf der Oberfläche des Teegetränks?

② Trinken Sie eine Tasse schwarzen Tee, den Sie 5 Minuten ziehen ließen!
Vergleichen Sie die Wirkung auf Ihren Organismus mit Versuch ①!

③ Trinken Sie eine Tasse grünen Tee, den Sie 5 Minuten ziehen ließen!
Vergleichen Sie den Geschmack mit Versuch ②!

Beobachtungen und Erklärungen

① **Der Tee, der 2 Minuten zog, wirkt anregend, ähnlich wie Kaffee. Auf der Oberfläche des Tees schwimmt ein dünnes Häutchen.**

Die anregene Wirkung wird durch das Alkaloid Coffein erzielt, das früher auch als Thein bezeichnet wurde (s. *Kaffee*).

In den ersten zwei Minuten, die der Tee zieht, wird v.a. Coffein freigesetzt.

Das Häutchen wird gebildet aus Calcium- und Magnesiumionen, die mit der Chlorogensäure einen Niederschlag, eben das Häutchen bilden. Chlorogensäure wird in den ersten beiden Minuten aber nur wenig freigesetzt.

② **Der Tee, der 5 Minuten ziehen konnte, wirkt nicht anregend, sondern beruhigend. Er schmeckt bitterer als in Versuch ①.**

Ab der zweiten Minute, die der Tee zieht, werden vermehrt auch die Gerbstoffe aus den Blättern freigesetzt. Die Gerbstoffe (z. B. Chlorogensäure) binden das Coffein wieder. Außerdem verleihen sie dem Tee einen bitteren Geschmack.

③ **Der grüne Tee schmeckt im Vergleich zum schwarzen Tee fade, heuartig und leicht bitter.**

Die Blätter des grünen Tees werden nach dem Pflücken erhitzt, wobei die Enzyme zerstört werden. Deshalb findet keine Fermentation statt, also keine aromabildenden, enzymatischen Abbauprozesse, die dem schwarzen Tee auch seine Farbe verleihen.

Dadurch behalten die Blätter ihre grüne Farbe, entwickeln aber nicht das spezifische Aroma schwarzer Tees.

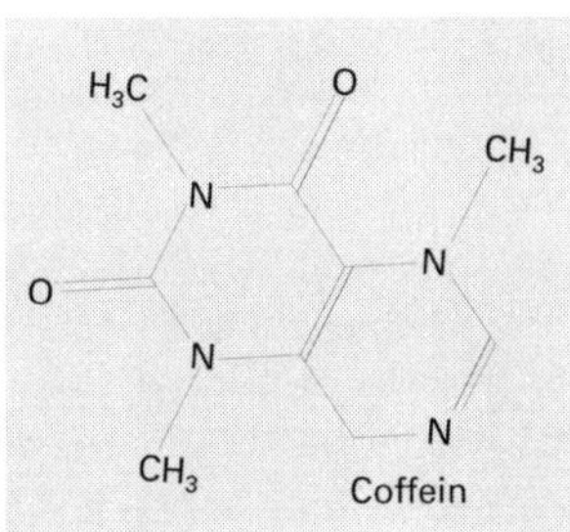

Coffein

Verderben von Obst

Bei längerer Lagerung wird Steinobst (Kirschen, Pflaumen, Aprikosen, Pfirsiche, Mirabellen, Nektarinen, …) oder Kernobst (Apfel, Birne, …) oft weich und verdirbt.

Dabei kann auch die Lagerung in der Nähe von Obst, das die Reifung benachbarter Früchte fördert, eine Rolle spielen (s. *Obstreifung*).

Versuche

① Beträufeln Sie eine Frucht mit Wasser.
Wie verhalten sich die Wassertropfen?

② Waschen Sie eine Frucht aus einer der o.g. Obstsorten sehr gut ab (abreiben) und lagern Sie eine andere Frucht derselben Obstsorte ungewaschen bei gleichen Bedingungen.
Welche der beiden Früchte schrumpft schneller?

③ Waschen Sie eine Frucht aus einer der o.g. Obstsorten sehr gut ab.
Vergleichen Sie täglich den Verderbniszustand mit einer Frucht derselben Obstsorte, die ungewaschen bei gleichen Bedingungen gelagert wird!

Beobachtungen und Erklärungen

① **Die Wassertropfen perlen ab. Man kann die Frucht nicht mit Wasser benetzen.**
Die Cuticula, eine dünne Wachsschicht, überzieht die Außenwände der Epidermis, also der äußersten Zellschicht der Frucht (und auch anderer Pflanzenteile). Die Cuticularwachse bestehen aus langkettigen Kohlenwasserstoffen und sind deshalb hydrophob, also wasserabweisend, weshalb die Wassertropfen abperlen.

Besonders bei Pflanzen trockener Standorte werden Cuticularwachse nicht nur in die Cuticula eingelagert, sondern kristallisieren auch auf der Oberfläche der Cuticula. Sie bilden das epicuticulare Wachs und sind z. B. bei Pflaumen als blaugrauer „Wachsreif" erkennbar.

② **Die abgewaschene Frucht schrumpft schneller.**
Da die Cuticula wasserabweisend ist, lässt sie Wasser weder eindringen, noch entweichen. Beim Abwaschen kann die Cuticula verletzt werden. An diesen Stellen kann das Wasser aus der Frucht entweichen, die Frucht schrumpft. Die intakte Cuticula der ungewaschenen Frucht verhindert den Wasserverlust.

③ **Die abgewaschene Frucht verdirbt schneller.**
Da beim Abwaschen die Cuticula und tiefer liegende Zellschichten zerstört werden, ist die Schutzfunktion der Cuticula außer Kraft gesetzt. Dadurch können Bakterien, Pilze, u. a. in die Frucht eindringen.

In der Frucht finden die Eindringlinge beste Bedingungen, um sich schnell zu vermehren. So finden sich schon nach kurzer Zeit Schimmelpilzrasen oder erweichte, teilweise auch verfärbte (s. *Braunes Obst / Gemüse*) Stellen.

Ein verdorbener Pfirsich z. B. schmeckt nicht selten alkoholisch, da die eingedrungenen Hefepilze den Zucker der Frucht zu Alkohol vergären.

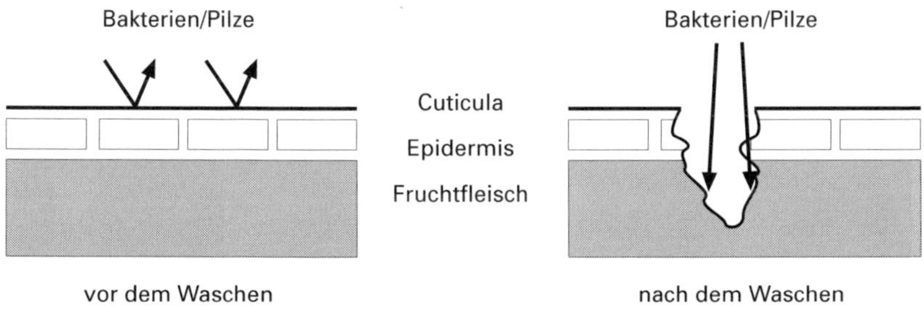

Wasser

Wasser ist die am häufigsten genutzte Substanz in der Küche. Wasser wird benötigt zum Säubern der Lebensmittel, zum Kochen und zum Einweichen.

Die Wasserqualität kann auch den Geschmack der Nahrung beeinflussen.

Versuche

① Füllen Sie 1/4 l Wasser in einen kleinen Topf. Kochen Sie das Wasser bei starker Hitzezufuhr auf. Stoppen Sie die Zeit vom Anschalten des Herdes bis zum sprudelnden Kochen des Wassers. Lassen Sie den Topf und die Herdplatte abkühlen, und wiederholen Sie den Versuch, aber veschließen Sie diesmal den Topf mit einem passenden Deckel.
Mit welcher Methode kocht das Wasser schneller?

② Kochen Sie 1/4 l Wasser in einem kleinen Topf auf. Verringern Sie die Hitzezufuhr plötzlich stark, nachdem das Wasser sprudelnd kocht (beim Gasherd auf kleine Flamme stellen, beim Elektroherd den Topf von der Herdplatte nehmen).
Was beobachten Sie über dem Topf (der Effekt lässt sich steigern, wenn nach der Hitzeverringerung heftig umgerührt wird)?

Beobachtungen und Erklärungen

① **Das Wasser kocht im verschlossenen Topf schneller auf.**

Im offenen Topf geht ein Teil der Wärmeenergie an die Umgebungsluft verloren. Der Deckel hält diese Wärmeenergie größtenteils im Topf, so dass sie zur Erhitzung des Wassers, nicht der Umgebungsluft, genutzt werden kann.

Das Wasser im verschlossenen Topf kann also im Vergleich zum offenen Topf in der gleichen Zeit mehr Wärme aufnehmen. Deshalb braucht das Wasser im verschlossenen Topf weniger Zeit, um die zum Sieden nötige Wärmemenge aufzunehmen, es kocht schneller.

② **Nach der plötzlichen Hitzezufuhrverringerung oder/und beim Umrühren bildet sich ein dichter Nebel.**

Im Volksmund spricht man dabei oft von Wasserdampf, obwohl Wasserdampf den gasförmigen, farblosen und durchsichtigen Zustand bezeichnet.

Nebel dagegen beschreibt den flüssigen Zustand. Der Nebel entsteht dadurch, dass verdampftes, gasförmiges Wasser in der kälteren Luft über dem Topf wieder zu flüssigem Wasser wird (kondensiert). Die fein verteilten Wassertröpfchen bilden dann den Nebel.

Der Nebel über dem Topf entsteht erst, wenn die Hitzezufuhr verringert wird, weil sich bei voller Hitzezufuhr nur Wasserdampf über dem Topf befindet, der erst in größerer Entfernung vom Topf zum Nebel wird.

Das Umrühren vergrößert die Wasseroberfläche, so dass mehr Wasserdampfmoleküle entweichen, abkühlen und mehr Nebel bilden.

Zwiebel

Die Küchenzwiebel oder Sommerzwiebel (*Allium Cepa*) wird in der Küche sehr häufig verwendet. Ungeliebt sind allerdings die brennenden und tränenden Augen beim Schneiden der Zwiebel.

Versuche

① Riechen Sie an einer unverletzten Zwiebel!
Riechen Sie nun an einer angeschnittenen Zwiebel!
Welchen Unterschied stellen Sie fest?

② Schneiden Sie eine gehäutete Zwiebel in kleine Würfel!
Was stellen Sie an Ihren Augen fest?

③ Waschen Sie die gehäutete Zwiebel mit Wasser ab!
Schneiden Sie die gewaschene Zwiebel in kleine Würfel!
Was stellen Sie an Ihren Augen fest?

④ Reiben Sie Ihre Hände und die Zwiebel mit Essig ein und schneiden Sie dann eine Zwiebel in kleine Würfel!
Was stellen Sie an Ihren Augen fest?

⑤ Schneiden Sie die enthäutete Zwiebel unter Wasser in kleine Würfel!
Was stellen Sie an Ihren Augen fest?

Beobachtungen und Erklärungen

① **Die unverletzte Zwiebel ist geruchlos. Die angeschnittene Zwiebel riecht stark.**
Erst beim Anschneiden wird das Enzym Alliinase (s. *Knoblauch*) frei, das den Abbau des in der Zwiebel enthaltenen S-Propenyl-cystein-sulfoxids einleitet. Es entsteht die aromatisch riechende Substanz Thiopropionaldehyd-S-oxid.

② **Die Augen tränen. Es brennt in den Augen.**
Das Thiopropionaldehyd-S-oxid ist tränenreizend.Das Auge wird durch die flüchtige Substanz gereizt, es brennt und tränt.

③+④ **Die Augen brennen und tränen.**
Das Wasser, mit dem die Zwiebel abgespült wurde, behindert die Alliinase nicht in der Bildung des Thiopropionaldehyd-S-oxids.

Auch der Essig verhindert das Wirken der Alliinase nicht, weil er mit ihr nicht in Berührung kommt. Alliinase wird erst nach dem Anschneiden frei.

Da das Thiopropionaldehyd-S-oxid im Innern der Zwiebel entsteht, kann jegliche Behandlung der Zwiebeloberfläche das Entstehen des Aldehyds nicht verhindern.

⑤ **Die Augen brennen und tränen nicht.**
Das Thiopropionaldehyd-S-oxid entsteht zwar, aber es kann nicht in die Luft entweichen und in die Augen gelangen, weil es das Wasser nicht durchdringt.Allerdings hat diese Methode der Tränenvermeidung praktische Nachteile.

Ein wirksamer Schutz vor Tränen beim Zwiebelschneiden gelingt also nur, wenn verhindert wird, dass der Tränen reizende Stoff in die Augen gelangt. Dies lässt sich durch Aufsetzen einer dicht schließenden Taucherbrille oder Einsatz eines starken Ventilators neben der Zwiebel erreichen. Auch Träger von weichen, großen Kontaktlinsen leiden weniger, weil die Augen größtenteils bedeckt sind.

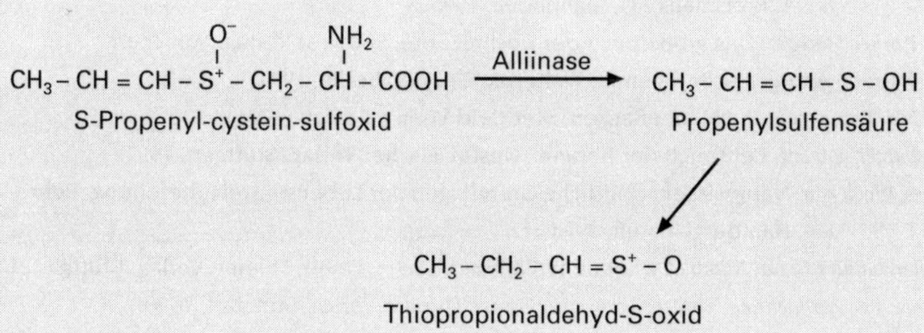

Literaturverzeichnis

Achermann, Andreas: Untersuchungen über die Veränderungen des Aromas bei der Brotlagerung, Dissertation an der Eidgenössischen Technischen Hochschule Zürich, Dissertation ETH 5706, Juris Druck & Verlag, Zürich, 1976

Baltes, Werner: Lebensmittelchemie, 4. Aufl. Springer Verlag, Berlin, 1995

Beyer, Hans/Walter, Wolfgang: Lehrbuch der Organischen Chemie, Hirzel Verlag, Stuttgart, 22. Aufl. 1991

Biolek, Alfred: Meine Rezepte, Verlag Zabert Sandmann GmbH, München

Von Campenhausen, Christoph: Die Sinne des Menschen, Georg Thieme Verlag, Stuttgart, 2. Aufl. 1993

Faller, Renate: Fernöstliche Küche, Falken Verlag, Niedernhausen, 1993

Feldheim, Walter: Tee und Tee-Erzeugnisse, Blackwell Wissenschafts-Verlag, Berlin, 1994

Ghafouri-Sabzevari, Morteza: Abbau von Phytinsäure im Teig mittels Selektion, phytasebildender Hefen zur Beseitigung von Mineralmangelerscheinungen, Dissertation an der Universität Hohenheim, 1983

Groß, Werner/Ring, Klaus/Lodemann, Edgar: Physiologische Chemie, VCH Verlagsgesellschaft, Weinheim, 1989

Holleman, Arnold Frederik/Wiberg, Nils: Lehrbuch der Anorganischen Chemie, Walter de Gruyter, Berlin, 101. Aufl. 1995

Kurti, Nicolas/This-Benckhard, Hervé: Chemie und Physik in der Küche, in: Spektrum der Wissenschaft, Juni, 1994

Kurz, Marey: Eiscreme, Gräfe und Unzer Verlag, München, 1992

Linder, Hermann: Linder Biologie, J. B. Metzlersche Verlagsbuchhandlung und Carl Ernst Poeschel Verlag, Stuttgart, 1983

Maier, Hans Gerhard: Kaffee, Verlag Paul Parey, Berlin und Hamburg, 1981

Melchior, Hans/Kastner, Hans: Gewürze, Verlag Paul Parey, Berlin und Hamburg, 1974

Meyers Lexikonredaktion: Meyers großes Taschenlexikon, in 24 Bänden, Bibliographisches Institut & F.A. Brockhaus AG, Mannheim, 1995

Rias-Bucher, Barbara: Das große Buch der Kochrezepte, Südwest Verlag, München

Riedel, Erwin: Anorganische Chemie, Walter de Gruyter, Berlin, 1994

Stedtfeld: Das große Buch vom Backen, Stedtfeld Verlag, Rastatt, 1994

Strasburger, Eduard: Lehrbuch der Botanik, Gustav Fischer Verlag, Stuttgart, 1991

Ternes, Waldemar: Naturwissenschaftliche Grundlagen der Lebensmittelzubereitung, Behr's Verlag, Hamburg, 2. Aufl. 1994

Vollmer, Günter/Franz, Manfred: Chemie in Bad und Küche, Georg Thieme Verlag, Stuttgart, 1991

Wehner, Rüdiger/Gehring, Walter: Zoologie, Georg Thieme Verlag, Stuttgart, 1990

Welzl, Ermin: Biochemie der Ernährung, Walter de Gruyter, Berlin, 1985

Zabert, Arnold: Kochen, Verlag Zabert Sandmann, München, 1995

Ziegelmayer, Wilhelm: Unsere Lebensmittel und ihre Veränderungen, Verlag Theodor Stienkopff, Dresden und Leipzig, 1933